연봉 1억 하이퍼포머 프로젝트

하이퍼포머 헤어 디자이너로 살아남는 법

연봉 1억 하이퍼포머 프로젝트

하이퍼포머
헤어 디자이너로
살아남는 법

장형안 지음

도서 **더 로드**
출판 **더 로드**
The Road Books

프롤로그

하이퍼포머 교육은 이런 질문에서 출발했습니다.

**"왜 어떤 헤어 디자이너는 같은 환경에서도 성과를 내고,
어떤 헤어 디자이너는 늘 제자리일까?"**

그 차이를 분석하고 관찰한 끝에 깨달았습니다.
결국 문제는 '기술력'이 아니라, '시스템'이었습니다.

• 일을 대하는 태도
• 자신을 관리하는 힘
• 사고의 방향
• 일을 구조화하는 능력

이 네 가지가 갖춰진 헤어 디자이너는 시간이 지나도 무너지지 않았습니다.
반대로 이 네 가지가 부족한 헤어 디자이너는
아무리 기술이 뛰어나도 결국 성과가 흔들렸습니다.

그 깨달음이 하나의 방향이 되었습니다.

**"어떻게 하면 헤어 디자이너가 단기간에
안정적인 고객 수와 매출을 만들어낼 수 있을까?"**

이 단순한 질문을 실전 교육으로 풀어내기 위해,
하이퍼포머 교육이 탄생했습니다.

① 디자이너의 꿈 = 오너의 마인드

많은 헤어 디자이너에게 "꿈이 뭐예요?"라고 물으면
대부분 이렇게 대답합니다.
"언젠가는 나만의 미용실을 갖고 싶어요."

그렇다면 지금, 이 순간부터 오너의 시선으로 일해야 합니다.
하이퍼포머 교육은 헤어 디자이너가
그 시선으로 자신의 일을 바라보게 만드는 훈련입니다.
매뉴얼을 만들고, 프로세스를 정비하고, 루틴을 설계하는 능력.
이것이 바로 '자기 경영'의 시작입니다.
누가 시켜서가 아니라, 스스로 기준을 세우는 사람.
그 사람이 진짜 오너이고,
결국 성과로 증명하는 하이퍼포머입니다.

② 지지부진한 현실, 재설계의 출발점

미용을 좋아해서 시작했지만,
성과가 나지 않아 방황하는 헤어 디자이너들이 많습니다.
열심히 일해도 결과가 따라오지 않을 때,
"나는 맞게 가고 있는 걸까?"라는 질문이 마음속에 남습니다.

하이퍼포머 교육은 바로 그 지점에서 출발했습니다.
지금의 자리에서, 미용이라는 무대 안에서
다시 시작할 수 있는 길을 보여주고자 했습니다.

지금까지의 방향을 잠시 멈추고,
내 커리어를 새롭게 설계하고,
마인드셋을 다시 정비하는 것.
그것이 하이퍼포머 교육이 제안하는 첫 번째 변화입니다.

헤어 디자이너가 스스로 성장의 시스템을 만들고,
그 시스템 안에서 자신만의 커리어를 증명해 가는 여정입니다.
그것이 바로 하이퍼포머 교육의 진짜 목적입니다.

모든 일에는 가치가 있습니다.
특히, 헤어 디자이너는 단순한 직업이 아닙니다.

하이퍼포머 헤어 디자이너로 살아남는 법

고객의 외모를 바꾸고, 기분을 바꾸며,

때로는 인생의 흐름까지 변화시키는 사람입니다.

그 역할은 생각보다 훨씬 의미 있고 복합적이며 영향력이 있습니다.

헤어 디자이너가 된다는 것

누구나 '헤어 디자이너'라는 꿈을 품고 시작합니다.

하지만 그 꿈은 인턴이라는 긴 터널을 통과해야만 닿을 수 있습니다.

샴푸, 청소, 모델 실습, 교육, 시험 등

주어진 보조 업무보다도 더 큰 노력과 시간이 필요합니다.

그 시간 동안 누군가는 포기하고,

누군가는 단단해져 '헤어 디자이너'라는 타이틀을 얻게 됩니다.

책임이 시작되는 자리

많은 인턴이 이렇게 이야기합니다.

"선배들처럼? 나도 저 정도는 할 수 있겠는데요."

겉으로 보기엔 그럴 수 있습니다.

멋진 옷차림으로 고객을 응대하고,

시술 후 감탄을 받으며 일하는 모습.

하지만 막상 그 자리에 서게 되면 알게 됩니다.
이제는 시작도, 과정도, 끝도 모두 내 책임이라는 사실을.

헤어 디자이너는 단순히 '머리하는 사람'이 아니라,
한 사람의 '인상'을 완성하는 전 과정을 책임지는 사람이어야 합니다.

헤어 디자이너의 하루는 복합 예술입니다.

- 고객 응대
- 니즈 파악
- 커뮤니케이션
- 디자인 설계
- 시술의 완성
- 마무리 케어
- 후속 관리
- 재방문 설계
- 기록 관리
- 콘텐츠 생산
- SNS 운영

하이퍼포머 헤어 디자이너로 살아남는 법

기술력 + 감정노동 + 전략 + 체력이

하루 안에 동시에 요구되는 고밀도 살롱 워크입니다.

하이퍼포머는 다릅니다.

복잡한 현장 속에서도

많은 고객을 만나고, 성과를 만들어내며,

고액 연봉으로 자신의 가치를 증명합니다.

우리는 그런 사람들을 '하이퍼포머 헤어 디자이너'라고 부릅니다.

하이퍼포머는 단순히 기술만 뛰어난 사람이 아닙니다.

• 목표를 달성하는 전략

• 고객을 대하는 감각

• 숫자를 보는 시각

• 자신을 관리하는 루틴

결국, 하이퍼포머는 성과로 증명합니다.

이 책은 내비게이션입니다.

오랫동안 현장에서 실제 사용하던 방식을 토대로 검증된 전략입니다.

하이퍼포머가 되는 길을 안내하는 내비게이션이기도 합니다.

헤어 디자이너로 데뷔하셨다면, 실전은 이제부터입니다.

• 거절의 벽

• 매출이 오르지 않는 현실의 벽

• 관계의 벽

그 모든 벽을 통과해야

비로소 진짜 헤어 디자이너로 성장할 수 있습니다.

누구나 선택할 수 있습니다.

어떤 사람은 그만두고,

어떤 사람은 지쳐가며 일하고,

또 어떤 사람은 그 속에서도 단단하게 성장해 갑니다.

"하이퍼포머는 기회나 우연이 아니라,

태도와 전략의 결과입니다."

하이퍼포머는 선택입니다.

하이퍼포머는 운도, 재능도 아닌, '선택의 결과'입니다.

성과 중심으로 자신을 훈련한 사람만이

시간이 흐를수록 '믿고 찾게 되는 헤어 디자이너'가 됩니다.

누군가는 기술자가 되고,

하이퍼포머 헤어 디자이너로 살아남는 법

누군가는 하이퍼포머가 됩니다.

이 책은 그 둘의 차이를 만드는 방법을 담고 있습니다.

지금 필요한 건 하이퍼포머 전략입니다.

• 고객이 없어 힘들다면 → 고객을 부르는 방법이 반드시 있습니다.
• 매출이 막막하다면 → 숫자를 다루는 전략이 분명히 있습니다.
• SNS가 두렵다면 → 스토리를 만드는 콘텐츠가 확실한 해답입니다.
• 번아웃이 왔다면 → 나를 돌보는 루틴이 꼭 필요합니다.

이 책의 구성은

제1장. 하이퍼포머 전략에 승부를 건다

　　마인드셋, 기준, 자세, 태도, 팀워크

제2장. 고객 응대는 '전략'이다

　　응대 기술, 고객 유형, 고객 수, 객단가, 우량고객 분석

제3장. 스토리가 있는 헤어 디자이너가 성공한다

　　스토리텔링, SNS, 퍼스널 브랜딩, 스타 마케팅

제4장. 하이퍼포머는 숫자로 말한다

　매출, 목표 설정, 객단가 설계, 실행 전략, 평가와 피드백

제5장. 절대 놓쳐선 안 되는 하이퍼포머의 기술

　체력 관리, 멘탈 관리, 습관, 재충전 방법

성과를 올리는 능력은
누구나 반복된 훈련을 통해 익힐 수 있습니다.

당신의 손끝은 누군가의 하루를 바꿉니다.

현장에서 하이퍼포머 헤어 디자이너가 되기 위해,
고군분투하고 계신 여러분께 현실적인 도움이 되기를 바랍니다.
진짜 하이퍼포머 헤어 디자이너로 살아남는 법,
지금부터 시작됩니다.

차 례

제3장
스토리가 있는 헤어 디자이너가 성공한다

제4장
하이퍼쪼쪼는 숫자로 말한다

제5장
절대 놓쳐선 안 되는 하이퍼포머의 기술

〈부록〉
성과 달성을 위한 워크 시트

제1장

하이퍼포저 전략에
승부를 건다

하이퍼포머란

"하이퍼포머는 특별한 사람이 아니라, 매일 실행하는 사람이다."

하이퍼포머는 단순히 열심히 일하는 사람이 아닙니다.
주어진 조건 속에서도 가장 빠르게, 눈에 보이는 성과를 만드는 사람입니다.
성실함과 노력은 기본이지만, 그 위에 실행과 피드백이 쌓일 때,
누구라도 하이퍼포머가 될 수 있습니다.
결국, 성과로 증명하는 사람, 그게 바로 하이퍼포머입니다.

헤어 디자이너에게도 예외는 없다.

하이퍼포머의 정의는 미용업계,

특히 헤어 디자이너의 세계에서도 그대로 적용됩니다.

• 고객이 얼마나 만족했는가,

• 재방문은 얼마나 이루어졌는가,

• 객단가는 얼마나 상승했는가,

• 이번 달 매출은 얼마인가.

이 모든 숫자는 단 하나의 질문으로 귀결됩니다.

"당신은 어떤 결과를 만들었는가?"

말이 아닌 성과로 증명하는 사람,

그가 바로 하이퍼포머 헤어 디자이너입니다.

그렇다면, 하이퍼포머 헤어 디자이너는 어떤 사람일까?

하이퍼포머는 결과로 말하는 사람입니다.

말보다 행동으로, 생각보다 숫자로 자신을 설명합니다.

아무리 열심히 하고, 하루 종일 바쁘게 움직였더라도

결과가 없다면, 그건 '성과'가 아니라 단순한 '노동'일 뿐입니다.

하이퍼포머는

• 바쁘게 일하는 사람이 아니라,

• 눈에 보이는 성과를 만들어내는 사람입니다.

하이퍼포머는 이렇게 묻는다.

• 오늘 내가 시술한 고객 수는 몇 명일까?
• 오늘 매출은 얼마를 만들었을까?
• 오늘 다녀간 고객은 다음 방문을 약속했는가?
• 이번 달 목표는 얼마나 달성되고 있는가?

하이퍼포머는 '결과'를 늘 인식하고,

그 결과를 만들어내는 '과정'을 '매일 점검'하며,

항상 '다음 단계'를 '준비'합니다.

그들은 감정이나 기분이 아닌, 성과 중심으로 사고합니다.

하이퍼포머는 '체계적'으로 일한다.

단순히 열심히 한다고 모두 하이퍼포머가 되는 건 아닙니다.

그들은 언제나 먼저 생각합니다.

"왜 이 일을 해야 하는가?"

"이 행동이 어떤 결과로 연결되는가?"

예를 들어, 고객의 머리를 자를 때도 단순 기술로 끝내지 않습니다.
• 그 고객이 왜 이 스타일을 원하는지,
• 다음번엔 어떤 제안을 할 수 있을지,

• 이 시술이 고객과의 신뢰를 얼마나 높일 수 있을지까지 고민합니다.

기술이 아닌 전략으로 시술한다.

하이퍼포머 헤어 디자이너는
일상적인 시술도 성과를 위한 전략적 프로세스로 전환합니다.
기술은 기본이고, 그 위에 고객 경험, 재방문 유도,
추천 확장을 위한 정교한 흐름과 의도를 담아 일합니다.

하이퍼포머는 자기 성장형 인재다.

하이퍼포머는 스스로 기회를 만들고, 성장하며,
리더가 되는 사람입니다.
이들은 누가 성장시켜 주길 바라지 않습니다.

대신 이렇게 생각합니다.
"나를 키울 사람은 나뿐이다."
"어제보다 오늘, 오늘보다 내일 더 나아지자."

그래서 매일 자신을 점검하고,
작은 것부터 개선하며 앞으로 나아갑니다.
성장은 누가 시켜주는 게 아니라,

스스로 만들어가는 과정임을 아는 사람이 '하이퍼포머'입니다.

[1] 하이퍼포머의 핵심 과제

"성과 중심으로 일하는 사람"이 되는 것

하이퍼포머는 단순히 열심히 일하는 사람, 기술이 뛰어난 사람,

고객에게 인기 있는 사람을 말하지 않습니다.

진짜 하이퍼포머는 지속 가능한 성과를 내고, 결과로 신뢰받는 사람입니다.

그렇다면 헤어 디자이너로서 하이퍼포머가 되기 위한 첫 과제는 무엇일까요?

① '일'이 아니라 '성과'를 설계하는 것

단순히 오늘 몇 명을 시술했는지가 아니라,

고객이 재방문하는가,

매출이 늘어나는가,

리뷰나 소개로 이어지는가를 스스로 점검해야 합니다.

② 행동의 방향을 명확히 하는 것

"왜 이 일을 하는가?"

"이 활동이 나의 성장과 어떤 연결이 있는가?"

그 이유가 분명해야 합니다.

하이퍼포머 헤어 디자이너로 살아남는 법

③ '감'이 아닌, '시스템'을 만드는 것

하이퍼포머는 '반복할 수 있는 성과'를 만들 줄 압니다.

루틴, 고객 관리, 숫자 분석 등을

자기 성장의 도구로 활용합니다.

핵심은 하나입니다.

"지금 내가 하는 일이, 결과로 연결되고 있는가?"

이 질문을 매일 스스로에게 던지는 것입니다.

[2] 하이퍼포머의 핵심 역량

성과로 연결되는 5가지 실전 능력

하이퍼포머가 되려면 기술 외에도 반드시 갖춰야 할 능력이 있습니다.

① 관찰력

고객의 말보다

표정, 행동, 분위기를 읽어내는 눈.

상담이 아니라 해석이 중요합니다.

② 제안력

고객이 생각하기 전에

스타일, 홈케어, 다음 예약을 먼저 제안합니다.

제안은 성과를 내는 기술입니다.

③ 문제 해결력

예약이 겹쳤거나, 예측 못 한 상황이 일어났을 때,
클레임이나 실수에 감정적으로 반응하지 않고
신뢰로 전환하는 대처 능력이 필요합니다.

④ 데이터 감각

매출 구성, 예약 수, 재방문율 등을
숫자로 읽고 분석하는 능력과
자신의 현재 위치를 명확히 볼 줄 알아야 합니다.

⑤ 브랜드 감수성

말투, 복장, SNS, 매장의 분위기까지
일관된 나만의 톤 앤드 매너를 유지하는 감각이 필요합니다.

이 5가지가 하이퍼포머가 성과를 만들어내는 핵심 무기입니다.

[3] 하이퍼포머의 핵심 가치

가끔 우리는 이런 말을 주고받습니다. '오너십을 가져야 한다.'
하지만 오너가 아닌 이상, 오너십을 갖는다는 것은 현실적으로 어렵습니다.

그것은 바람일 뿐입니다.

그러나 적어도 내가 맡은 일만큼은 내가 주인이라는 태도로 임해야 합니다.

그 순간부터 진짜 책임과 성장이 시작됩니다.

"내 일에 주인은 바로 나"

하이퍼포머는 일을 대하는 마음가짐이 다릅니다.

기술은 배울 수 있지만, '태도'는 그 사람의 가치를 드러냅니다.

① 목표를 스스로 정한다.

누가 정해준 숫자가 아니라,

'내가 책임질 수 있는 목표'를 세웁니다.

② 모든 순간을 의미 있게 만든다.

지금 시술하는 한 명의 고객,

오늘 올린 SNS 글 하나까지도

브랜딩의 일부입니다.

③ 누가 보지 않아도 준비한다.

하이퍼포머는 시키지 않아도 준비된 사람.

그 준비가 성과를 만듭니다.

이 모든 걸 하나로 요약하면,

하이퍼포머는 성과로 증명하는 사람입니다.

그리고 그 성과는 태도와 역량, 시스템에서 만들어집니다.

하이퍼포머가 되는 길은 멀리 있지 않습니다.

오히려 바로 가까이에 있지만,

'선택하지 않는 사람'에게는 절대 열리지 않는 길입니다.

하이퍼포머가 되기 위해 해야 할 일은

• 분명하고,

• 현실적이며,

• 지켜야 할 기준이 뚜렷합니다.

이제, 준비되셨나요?

하이퍼포머 헤어 디자이너가 되려면,

단순히 '아티스트'로 머물러서는 안 됩니다.

나 자신을 브랜드로 만들고, 사업가로 거듭나야 합니다.

• '나'라는 브랜드를 만들고

• 고객 데이터를 관리하며

• SNS와 콘텐츠로 나를 알리고

• 매출과 성과를 설계하는

헤어 디자이너가 되어야 합니다.

다음 질문에 스스로 답해보세요.

☐ 당신의 이름을 브랜드로 만들고 싶은가?

☐ 나만의 고객층을 만들고 싶은가?

☐ 매달 매출 걱정 없는 헤어 디자이너가 되고 싶은가?

그렇다면, 지금 당신에게 필요한 건 바로 '하이퍼포머 전략'입니다.

② 하이퍼포머로 안내하는 내비게이션

"하이퍼포머는 '감'이 아닌, '시스템'으로 성과를 만든다."

매출 목표를 세우는 사람은 많지만,

그 매출까지의 경로를 매일 점검하는 사람은 많지 않습니다.

하이퍼포머는 매일 자신의 방향을 점검하고, 필요하면 조정하며 나아갑니다.

• 길을 잘못 들 수도 있습니다.

• 하지만 멈추지 않습니다.

• 끊임없이 체크하고, 수정하고, 앞으로 나아갑니다.

하이퍼포머에게 성과를 만드는 과정은 내비게이션과 같습니다.

• 목표를 설정하고

- 경로를 추적하며
- 상황에 따라 방향을 바꾸고
- 마지막에는 평가하고 피드백합니다.
- 그리고 재조정합니다.

이런 루틴이, 결과를 만듭니다.

하이퍼포머는 '운'이 아니라, '루틴과 시스템'으로 매출을 설계합니다.

하이퍼포머 성과 내비게이션

성과는 운이 아니라, 방향의 문제입니다.

하이퍼포머는 감에 의존하지 않고, 하루하루를 설계하고, 점검하고,

조정하며 성과를 만드는 시스템으로 움직입니다.

그 핵심은 바로 아래 4단계 루틴입니다.

(1) 목표 설정 : 어디로 갈 것인가?

하이퍼포머는 '바람'이 아닌, '행동할 수 있는 목표'를 세운다.

월 → 주 → 하루 단위로 쪼개서 숫자에 전략을 입힌다.

예 : "월 1,000만 원 매출 → 주 250만 원 → 하루 평균 5명 시술, 객단가 10만 원 이상"

성과 없는 목표는 스트레스가 되고, 작은 성공의 반복은 동기의 자산이 된다.

(2) 성과 모니터링 : 어디까지 왔는가?

하이퍼포머는 매출만 보지 않는다.

→ 고객 수, 재방문율, 제안 성공률, 예약률 등 행동의 지표들을 함께 본다.

• 오늘은 몇 명에게 제안했는가?

• 어떤 메뉴가 객단가를 높였는가?

• 어떤 패턴이 성과로 연결되었는가?

성과는 결과이고, 그 결과의 원인을 찾아낸다.

(3) 평가 : 제대로 가고 있는가?

하이퍼포머는 매달 '자기 피드백의 날'을 만든다.

숫자만 보는 게 아니라, '어떤 행동이 성과를 만들었는가?'를 평가한다.

• 이번 달 내가 가장 잘한 3가지 행동은?

• 놓친 패턴은 무엇이었나?

• 다음 달에 반복하고 싶은 루틴은?

시술 결과 불만족, 실수, 클레임, 노쇼, 거절도 성과 방해 요인으로 기록한다.

그래야 성장의 자산이 된다.

(4) 피드백 적용 : 다음엔 어떻게 할 것인가?

피드백은 '고치자'가 아니라,

'더 잘할 수 있다.'라는 시선으로 보는 것이다.

하이퍼포머는 피드백을 기다리지 않고,
스스로 피드백 시스템을 만든다.

• 주 1회 셀프 피드백 노트
• 월 1회 동료와 피드백 미팅
• 월/분기 리더와의 1:1 성과 코칭
결과는 감이 아니라 루틴에서 나옵니다.

하이퍼포머는 매일, 매주, 매달
조금씩 더 나아지는 방향으로 움직이는 사람입니다.

하이퍼포머 성과 내비게이션 - PDCA 시스템

하이퍼포머는 '감'이 아닌, '구조'로 움직인다.
그 구조는 목표 설정 → 실행 루틴 → 점검 → 조정으로 이어지는
반복할 수 있는 성과 시스템입니다.

[1] Plan - 목표 설정 (GOAL SETTING)
하이퍼포머는 지표를 기준으로 역산하여 스케줄을 세우고,
오늘 해야 할 일을 명확히 한다.
• 월 목표 → 주 단위 → 하루 실행 루틴으로 쪼갠다.
• 매출 목표를 고객 수 × 객단가로 구체화한다.

• 숫자를 포함하여 실행할 수 있는 목표로 구체화한다.

(2) Do - 실행 루틴 (ACTION PLAN)

목표는 말이 아니라 루틴으로 증명된다.

하이퍼포머는 매일, 같은 시간, 같은 행동을 반복한다.

• 고객 응대 루틴, 제안 루틴, 콘텐츠 작성 루틴.

• 시술보다 사전 준비가 더 중요하다는 걸 안다.

• 하루 일정에 성과 지향 행동을 우선 배치한다.

(3) Check - 성과 모니터링 & 자기평가 (TRACKING + REVIEW)

하이퍼포머는 매출이 아닌, 행동의 데이터를 본다.

그리고 매주, 매달 스스로 리뷰한다.

• 이번 주 고객 수는 목표치에 도달했는가?

• 이달 예약률은 어떻게 되었는가?

• 놓친 행동, 반복할 행동은 무엇인가?

실패는 지우는 것이 아니라 남겨야 하는 자산이다.

(4) Action - 피드백 적용 & 목표 재조정 (ADJUST + REFINE)

성과는 수정에서 완성된다.

하이퍼포머는 계속 방향을 조정한다.

정답보다 중요한 건 '조정력'이다.

• 잘한 건 반복하고, 부족한 건 보완한다.

- 리뷰 후 루틴을 한 단계 더 정교화한다.
- 숫자와 패턴과 원인을 본다.

성과는 반복에서 완성된다.

성과 = 시스템 × 반복

습관 = 전략 × 지속

성장 = 방향 × 행동

하이퍼포머는 '결과'가 아니라, 결과를 만드는 '구조'를 먼저 만듭니다.

이제, 당신 차례입니다. 내비게이션을 켜고, 방향을 잡고, 전진하십시오.

일/주 단위로 성과 루틴을 점검하는 체크리스트 (부록-워크시트 1)

항목	휴무	화	수	휴무	금	토	일	체크
오늘 목표 고객 수		☐	☐		☐	☐	☐	주 5회 이상
오늘 제안한 고객 수		☐	☐		☐	☐	☐	목표: 일 3명 이상
고객 피드백 메모 작성		☐	☐		☐	☐	☐	루틴화
SNS 콘텐츠 업로드		☐	☐		☐	☐	☐	주 3회 이상
매출 현황 정리		☐	☐		☐	☐	☐	매일 5분
일일 자기 성장 노트		☐	☐		☐	☐	☐	자기 강화

셀프 점검용 '하이퍼포머 10문 10답'

7개 이상 체크 시 : 당신은 하이퍼포머 루틴에 진입 중!
5개 이하라면 : 이 책을 반드시 끝까지 읽으세요!

□ 나는 목표를 매월 숫자로 구체화하고 있는가?

□ 내가 매일 관리하는 숫자(고객 수, 객단가 등)가 있는가?

□ 고객의 시술 내용, 상담·제안 내용 등 그 결과를 메모하고 있는가?

□ 고객 피드백을 리뷰한 적이 최근에 있는가?

□ 동료나 리더에게 피드백을 요청해 본 적이 있는가?

□ 내 SNS는 내 브랜드 이미지와 일치하는가?

□ 월 목표 매출과 현재까지의 격차를 알고 있는가?

□ 재방문을 유도하는 나만의 전략 방식이 있는가?

□ 오늘 하루 내가 제일 잘한 행동은 무엇인가?

□ 나는 이 모든 과정을 '기록'하고 있는가?

내비게이션을 켜라

기술은 기본, 성과는 습관, 방향은 내비게이션이다.
목표 없이 열심히 하는 것은 방향 잃은 질주일 뿐이다.
지금, 당신 안의 내비게이션은 어디로 향하고 있는가?

하이퍼포머 헤어 디자이너로 살아남는 법

당신의 하루 시작은 달라야 한다

"하루의 시작은 헤어 디자이너의 성과를 좌우하는 분기점이다."

누군가는 출근 시간에 맞춰 허겁지겁 도착하지만,
하이퍼포머는 30분 먼저 도착해 오늘의 목표를 설정하고,
전략적으로 하루를 설계합니다. 성과는 결코 우연이 아닙니다.
하루의 성실함은 결국 결과의 총합으로 나타납니다.

고객과의 대화 한마디, 샴푸의 손길 하나, 말투 하나까지도
반복되는 루틴을 통해 프로페셔널의 습관으로 자리 잡습니다.
그래서 하이퍼포머는 하루를 그냥 시작하지 않습니다.

"디자이너는 10시에 출근하지만, 하이퍼포머는 그보다 일찍 하루를 시작한다."

요즘 미용실의 마감 시각은 예전보다 훨씬 빨라졌습니다. 과거에는 오전 9시에 문을 열어 밤 9시까지, 혹은 역세권이라면 밤 11시까지도 영업을 했지만, 현재는 대부분 저녁 7시에서 8시 사이에 문을 닫습니다. 이는 예약 문화가 자리 잡고, 출퇴근 시간이 탄력적으로 변한 시대적 흐름과 맞닿아 있습니다.

예전에는 미용실에 머무는 시간이 길었다면, 지금은 퇴근 후 혼자 쓸 수 있는 시간이 확보됩니다. 여가를 즐기거나, 자기 계발을 하거나, 체력 관리를 위해 운동을 하는 등 다양한 선택이 가능합니다. 그러나 여전히 미용실의 영업 시작 시각은 대부분 오전 10시 전후입니다. 문제는 퇴근 이후의 시간이 관리되지 않으면, 다음 날 하루의 컨디션 전체를 흔드는 악순환으로 이어진다는 점입니다.

성과를 만들지 못하는 루틴

- 퇴근 후, '내일은 없다는 듯이' 과식하거나 술자리를 이어간다.
- 다음 날 지각하거나 허둥지둥 출근한다.
- 예약표를 확인할 틈도 없이 고객을 맞이한다.
- 준비되지 않은 마음과 태도로 하루를 시작한다.

그리고 저녁이 되면 "오늘도 정신이 없었어!"라는 말로 하루를 마무리한다.

이런 루틴은 결코 좋은 성과를 만들 수 없습니다.

하이퍼포머는 이러한 루틴을 '위험 신호'로 인식합니다.
이런 하루가 쌓일수록, 자신이 만든 성과도, 고객의 신뢰도,
그리고 자신의 에너지조차 서서히 무너지게 됩니다.

하이퍼포머는 '출근 전에 하루를 그리는 사람'이다

하이퍼포머의 하루는 단순히 시간을 지키는 데서 끝나지 않습니다.
시간을 '설계'하는 것으로 시작됩니다.

이른 출근은 '선택'이 아니라 '전략'이다

• 오픈 시간보다 최소 30분 먼저 도착합니다.
• 커피나 차 한 잔을 마시며 오늘의 예약표를 검토합니다.
• 고객의 이름, 지난 시술 내역, 리뷰, 선호 스타일을 되짚어 봅니다.
• 어떤 대화를 할지, 어떤 제안을 할지를 머릿속에 그려봅니다.
• 나의 복장, 말투, 에너지를 '고객맞이 모드'로 천천히 전환합니다.
이 루틴은 단 30분이지만, 하루의 결과를 완전히 바꿔놓습니다.

닥치는 대로 일하는 디자이너 vs 준비된 하루를 설계하는 디자이너

항목	닥치는 대로 일하는 디자이너	하이퍼포머 디자이너
출근 시간	간당간당 맞춰 도착	30분 일찍 도착
고객맞이	예약 확인도 못 하고 인사부터	고객 정보 사전 파악 후 인사

고객 대화	원하는 스타일 있으세요?	지난번 시술은 괜찮으셨어요? 오늘은 어떤 디자인으로 도와드릴까요?
제안력	즉흥적 & 감에 의존	미리 준비된 이미지 제안, 후속 예약 설계
시술 종료 후	배웅하고 다음 고객 준비	감사 메시지, 재방문 관리

→ 하이퍼포머는 하루를 소비하지 않는다. 하루를 설계한다.

하이퍼포머 디자이너 하루를 바꾸는 아침 30분 루틴

시간	행동
+30분 전	출근 및 매장 점검, 조용한 분위기에서 리셋
+25분 전	오늘 예약 확인 (고객명, 히스토리, 고객 유형)
+20분 전	고객별 제안 노트 작성 or 머릿속 시뮬레이션
+10분 전	외모 점검 (스타일, 복장, 표정, 향기까지)
+5분 전	고객맞이 멘트 & 웰컴 계획 정리

→ 아침 30분을 어떻게 쓰는가가, 하루를 결정한다.

이 30분은 '성공을 준비하는 시간'이자, '오늘 하루가 우연이 아닌, 성과로 이어지는 길'의 시작점입니다. 하루 완성도는 아침 준비에서 결정됩니다. 준비되지 않은 하루는 대체로 대충 마무리되지만, 준비된 하루는 '성과'라는 결과로 충만하게 마감됩니다. 디자이너의 성장을 결정짓는 것은 출근 시간 자체가 아니라, 출근

하이퍼포머 헤어 디자이너로 살아남는 법

전에 무엇을 준비하느냐입니다. 그 준비가 바로 하이퍼포머를 만들어냅니다.

당신의 하루는 어떤 방향으로 시작되고 계시나요? 하루의 흐름을 주도적으로 통제하는 사람이, 결국 한 달의 흐름, 나아가 인생의 흐름까지 바꾸게 됩니다.

습관은 자신과의 약속이다.

하루하루 자신을 점검하고 다짐하기 위해 'One-Day Check List' 워크시트를 활용할 것을 추천합니다. 이 체크리스트는 단순한 확인용이 아닙니다. 오늘 놓쳐서는 안 될 핵심 지표 20가지를 마감 후 피드백하며, 동시에 내일을 미리 그려보는 프리뷰 도구입니다. 하루를 복기하고 내일을 설계하는, 하이퍼포머의 행동 루틴 기록지입니다. (부록-워크시트 2)

One-Day Check List	01	02	03	•	29	30	31
① 오늘 하루를 일찍 시작하셨나요?	☒	☐	☐	☐	☐	☐	☐
② 밝은 목소리로 인사를 하셨나요?	☒	☐	☐	☐	☐	☐	☐
③ 오늘 고객과 동료들에게 밝은 미소를 전하셨나요?	☒	☐	☐	☐	☐	☐	☐
④ 메이크업과 의상은 최상의 상태였나요?	☒	☐	☐	☐	☐	☐	☐
⑤ 고객께 서비스 케어를 잘하셨나요?	☒	☐	☐	☐	☐	☐	☐
⑥ 고객과 눈을 맞추고 대화하셨나요?	☒	☐	☐	☐	☐	☐	☐
⑦ 고객 이름을 3번 이상 불렀나요?	☒	☐	☐	☐	☐	☐	☐

⑧ 오늘 고객님께 칭찬은 하셨나요?	☒	☐	☐	☐	☐	☐	☐
⑨ 오늘 고객님께 다음 스타일을 제안하셨나요?	☒	☐	☐	☐	☐	☐	☐
⑩ 고객 4C 분석을 작성하셨나요?	☒	☐	☐	☐	☐	☐	☐
•		☐	☐	☐	☐	☐	☐
⑲ 내일 예약 고객 리스트를 확인하셨나요?	☒	☐	☐	☐	☐	☐	☐
⑳ 오늘 일일 체크 사항을 모두 작성하셨나요?	☒	☐	☐	☐	☐	☐	☐

하이퍼포머 디자이너는 이 체크리스트를 통해 자신의 습관을 관리하고, 고객의 재방문, 리뷰, 매출까지 하나씩 실질적으로 쌓아갑니다.

〈그림1〉 One-Day 체크리스트 작성 예시

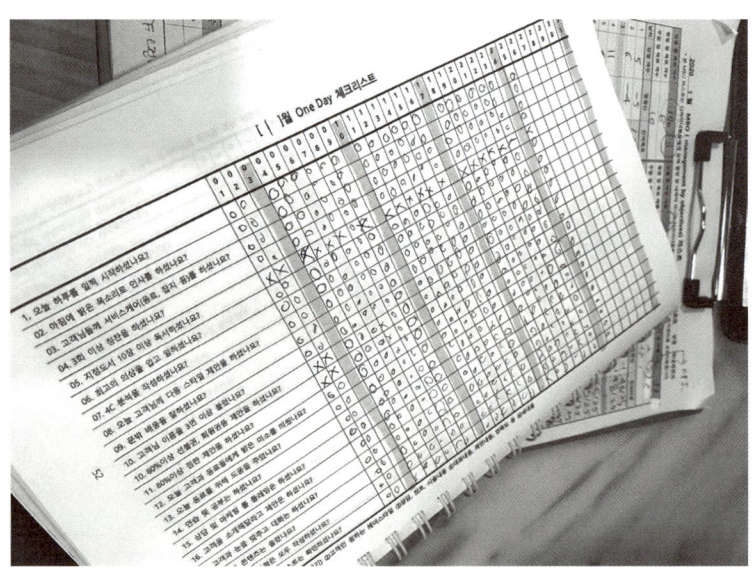

하이퍼포머 헤어 디자이너로 살아남는 법

4

시작은 쓰지만 끝은 달다

누구나 디자이너로 데뷔하면,

'이제 진짜 시작이다.'라는 마음으로 기대와 걱정이 뒤섞입니다.

인턴 시절과는 비교도 안 될 정도의 자유, 책임,

그리고 가능성이 열리지만,

그 자유는 어느새 막막함이 되고,

그 책임은 압박감이 되며,

그 가능성은 현실의 벽 앞에 멈춰 서게 합니다.

디자이너 데뷔 초반에 마주하는 현실

• 예약이 거의 없는 스케줄표

- 매출 0원으로 마감되는 하루
- 고객보다 더 작아지는 내 목소리
- 말할까 말까 내 안의 갈등
- 매번 거절당하는 제안
- 고객 클레임 앞에서 흔들리는 멘탈
- 옆자리 선배 디자이너와 비교되는 숫자들
- 이런 상황 속에서 떠오르는 복잡한 생각들

"나만 뒤처지고 있는 건 아닐까?"
"과연 이 길이 맞는 걸까?"
"그만두고 다른 일을 해볼까?"

이런 생각이 든다면, 너무 걱정하지 않아도 됩니다.
그 마음은 당연하며, 누구나 겪는 감정입니다.

하지만 그 시기를 통과해 낸 디자이너는 다릅니다.
지금의 하이퍼포머 디자이너들도 모두 그런 시간을 겪었습니다.
단지 다른 점이 있다면,
그 시간을 '견뎌냈고',
'성장의 밑거름'으로 전환해냈다는 사실입니다.

그들은 이렇게 이야기합니다.

하이퍼포머 헤어 디자이너로 살아남는 법

"그때는 정말 너무 힘들었어요.

하지만 지금 돌아보면,

그 시간이 있었기에 고객을 더 깊이 이해하게 되었고,

나만의 루틴을 만들었고,

매출이 어떻게 만들어지는지 몸으로 배울 수 있었습니다."

이처럼, 처음의 막막함은

당신만의 성장 시스템을 만드는 첫 번째 문턱입니다.

그 문턱을 넘는 순간,

하이퍼포머로 향하는 길이 열리기 시작합니다.

하이퍼포머는 이렇게 생각한다.

상황	일반 디자이너의 반응	하이퍼포머의 반응
고객이 없다.	불안 → 대기 → 핸드폰만 보기	SNS, 리뷰, 상담 루틴 점검
거절당했다.	자존감 하락 → 제안 두려움	거절 멘트 분석 → 다음 전략 수정
매출 0원	무력감, 낙담	'시행착오 수업료'로 인식
주변과 비교됨	위축, 방황	나만의 강점 찾기 & 계획 강화

→ 하이퍼포머는 '운 좋은 사람'이 아니라, '힘든 시기를 버티고, 배움을 전략
으로 바꾼 사람'이다.

인턴 때의 '기술'과 데뷔 후 '결과'는 다르다.

디자이너는 인턴 시절 동안 수많은 기술을 익히며 성장합니다.
컷, 펌, 컬러, 드라이, 그리고 모델 실습까지
그 시간을 지나며, 마치 기술이 전부인 것처럼 느껴집니다.

하지만 디자이너로 데뷔한 이후 마주하는 현장은 전혀 다릅니다.
기술은 더 이상 차별점이 아니라 기본값입니다.
진짜 실전에서는 고객과의 소통, 상담, 설득, 제안, 만족도 관리까지
모든 결과를 온전히 스스로 책임져야 하는 자리입니다.

옆에서 보고 배우는 것과
실제로 고객 앞에서 말을 건네고, 디자인을 제안하며,
책임을 지는 일은 완전히 다른 차원의 일입니다.

그렇기에 데뷔 후의 성과는
기술 그 이상의 태도, 감각, 전략이 만들어 냅니다.

여기에 딱 두 부류로 나뉜다.

하이퍼포머 헤어 디자이너로 살아남는 법

유형	설명
하이퍼포머형 디자이너	부족한 부분을 인정하고, 실전에서 겪은 문제를 복기하고 준비함. 다시 공부하고, 상담 멘트를 메모하며, 나만의 노하우를 만들어 감
철새형 디자이너	결과가 안 나오면 탓을 밖으로 돌림. "고객이 이상해요!", "여긴 상권이 안 좋아요!", "매장이 안 알려졌어요!" → 결국 이직을 반복하며 또 제자리

철새형 디자이너는 '3개월 적응, 3개월 실망, 3개월 이직'의 사이클을 반복합니다. 보장된 수수료만으로 시간을 보내지만, 그 사이 실력도, 루틴도, 브랜드도 남지 않습니다.

하지만 하이퍼포머는 다르게 질문합니다.
"지금 이곳에서 내가 해볼 수 있는 최선은 무엇인가?"

환경보다 자신의 방향에 집중하며, 주어진 조건 안에서 성과를 만들어내는 방법을 스스로 찾아갑니다. 장소가 아닌, 태도와 전략이 성장을 결정짓는다는 사실을 잘 알고 있기 때문입니다.

처음 시기를 넘기는 3가지 전략

[1] 자기 기록 루틴 만들기

하루 5줄 이상 작성
  → 오늘의 고객 수, 느낀 점, 잘한 점, 아쉬운 점, 내일 할 일
  → 하루 일지를 쓰는 사람은 성장 곡선이 빨라진다.

(2) 주간 리셋 타임 만들기

매주 1회, 자신을 점검하는 시간 확보

→ "이번 주 가장 성장한 순간은?"

→ "다음 주에 바꿔볼 루틴은?"

(3) 선배와 대화하라

고민은 혼자 품을수록 깊어진다.

짧게라도 선배와 티타임.

→ "선배님은 데뷔 초 어떻게 버텼어요?"

→ "가장 힘들었던 순간은요?"

대부분의 해답은 이미 옆에 있다.

철새형 디자이너가 되지 않으려면

① 이직 전에 스스로 돌아보자.

→ "나는 지금 이 자리에서 진짜 할 수 있는 걸 다 해봤는가?"

② 환경 탓 전에 내 루틴을 점검하자.

→ 예약을 관리하는가? 고객 피드백을 기록하는가? 롤 플레잉을 준비하는가?

③ 문제보다 기회를 보자.

→ 고객이 없다는 건, 나만의 고객을 만들 기회다.

→ 클레임이 들어왔다는 건, 관계를 회복할 시간이 있다는 뜻이다.

시작은 누구에게나 쓰다.

하지만 끝은 준비한 사람에게만 달다.
처음의 어려움을 환경 탓으로 돌리며 이직만 반복하는 사람은
결국 어디에서도 제대로 뿌리내리지 못합니다.

하이퍼포머는 그 '쓴맛'을 피하지 않습니다.
오히려 그 시간을 마주하며,
하루하루를 나만의 브랜드와 실력으로 전환해 나갑니다.
그 과정에서 배움과 성장의 단맛을 발견할 줄 아는 사람,
바로 그런 사람이 진짜 하이퍼포머가 됩니다.

지금, 여러분은 어떤 시기를 지나고 계시나요?
괜찮습니다. 아직 시작일 뿐입니다.

시작이 쓰다는 건,
끝이 달아질 가능성이 그만큼 높다는 뜻입니다.

그리고 지금, 이 순간
당신은 어떤 헤어 디자이너로 기억되고 싶으신가요?

직장인이 되고 싶다면 회사로 가라

직장인이 되고 싶다면, 회사를 선택해야 합니다.

"우리는 주말도 없고, 정시 퇴근도 없고, 대우도 부족하고…"
미용실 안에서는 종종 이런 푸념이 들려옵니다.

그리고 자주 비교되는 대상은 '회사원'입니다.
• 회사 다니는 친구들은 주 5일 근무에 주말엔 푹 쉬고, 연말에는 보너스도
받던데.
• 우리는 왜 복지가 이렇게 없을까?
• 그냥 회사원이 더 나은 거 아닐까!
그 말이 틀렸다고 할 수는 없습니다.

하지만 완전히 맞는 말도 아닙니다.

미용이라는 일은 단순한 '직장'이 아닙니다. 이 일은 자기를 브랜딩하고, 나만의 고객을 만들며, 성과에 따라 수입과 성장이 결정되는 고수익 전문직입니다. 물론 체계적인 시스템과 복지가 아쉬울 수 있습니다. 하지만 그만큼 '자기 주도성'과 '성과 기반의 보상'이라는 기회가 많습니다. 단순히 안정된 직장을 원하신다면, 다른 길이 더 나을 수 있습니다.

그러나 '내 이름을 건 커리어'를 만들고 싶다면,
지금 이 현장은 최고의 무대가 될 수 있습니다.

회사원과 헤어 디자이너는 '처음부터 다른 게임'을 하고 있다.

구분	회사원	헤어 디자이너
수익 구조	정해진 월급	본인이 만드는 매출에 따른 수입
성장 구조	연차에 따라 승진	실력+고객 확보에 따라 성장
조직 체계	상사의 지시 & 보고	고객과의 직접 소통 & 결정권자
커리어 경로	직무 안에서 이동	디자이너 → 직급 → 독립 → 오너
시간 통제권	회사가 정함	본인이 효율적으로 운영 가능

→ 직장인은 시스템에 소속된 사람, 헤어 디자이너는 시스템을 만들어 가는 사람이다.

헤어 디자이너는 '사업가'이다.

디자이너가 되는 순간부터, 더 이상 단순히 '직원'의 역할에 머물 수는 없습니다. 당신은 본인의 매출을 직접 설계하고, 브랜딩하며, 성장시키는 '1인 사업가'입니다.

- 오늘 하루 고객을 몇 명 받을지,
- 객단가를 어떻게 올릴지,
- 어떤 제안을 고객에게 전달할지는

모두 당신이 결정하는 일입니다.

- SNS를 어떻게 운영할지,
- 어떤 콘텐츠를 올릴지,
- CRM 기록 운영은,

고객 관리를 어떻게 할지도
모두 당신이 선택해야 합니다.

그리고 그 결과 역시,
누구의 몫도 아닌 당신의 몫이 됩니다.
"오너가 아니라, 스스로가 매출을 만듭니다."

돈을 많이 버는 헤어 디자이너는 이유가 분명하다.

오전 10시 출근인데도 9시에 나와
고객의 시술 기록을 복기하고,
매일 제안 멘트를 연습하며,
후속 관리 방향을 점검합니다.

SNS에 고객 후기와 스타일 콘텐츠를 직접 올리고,
명함 하나도 전략적으로 설계하며,
자기 복장, 말투, 행동 하나하나를 브랜드화합니다.

그리고 그렇게 쌓아온 루틴과 성실함은
결국 '성과'라는 이름으로 눈앞에 나타납니다.

인스타그램에 비싼 시계, 명품 가방, 수입차를 올리는 디자이너들이 있습니다.
그것이 단지 '허세'일 수도 있고, 진짜 '현실'일 수도 있습니다.
하지만 한 가지 분명한 사실은,
그들은 '직장인처럼 일하지 않았다.'라는 점입니다.

디자이너는 출근만 한다고 결과가 만들어지지 않습니다.
전략적으로 일할 때, 성과는 따라옵니다.

시키는 일만 하는 사람 vs 주도적으로 일하는 사람

구분	지시형 디자이너	주도형 디자이너
오늘 스케줄	"고객이 오면 하지 뭐…"	"고객이 오기 전부터 준비"
업무 태도	"시키면 하지 뭐…"	"어떻게 하면 더 만족할까?"
시간 사용	대기 시간 = 휴식	대기 시간 = 콘텐츠 준비, 복습
문제 발생 시	"상황이 이래서…"	"내가 바꿀 수 있는 건 뭘까?"
매출 결과	평균 이하 유지	평균 이상 도전 & 달성

→ 하이퍼포머는 자기 성과를 오너가 아닌, '고객'에게 보고한다. 고객이 곧 오너다.

직장인이 되고 싶다면 회사로 가라.

직장인은 시간을 투자하고 월급으로 보상받습니다.

반면 디자이너는 시간과 가치를 투자해 자신의 브랜드를 만들고, 매출을 창출하며, 자산을 쌓아갑니다. 내 이름으로 매장을 열 수도 있고, 1인 숍을 운영하거나 프리랜서, 강사, 브랜드 크리에이터 등 다양한 길로 확장할 수 있습니다. 실제로 많은 디자이너가 이러한 길을 직접 개척해 내고 있습니다.

헤어 디자이너는 기술자가 아니라 기획자이다.

디자이너는 단순히 기술만 익히는 사람이 아닙니다.

고객과의 경험을 설계하고, 감각을 전략으로 전환하며,
하나의 회사를 운영하는 '퍼포머형 사업가'입니다.

이제부터는 이런 질문을 스스로에게 던져야 합니다.
"나는 오늘, 시키는 일만 했는가?
아니면, 나의 성장을 위한 일을 주도했는가?"

당신은 지금, 어디까지가 직장인이고
어디부터가 사업가이신가요?

매달 결과가 만족스럽지 않다면!

- 열심히 하고 있는데 왜 매출이 그대로일까요?
- 이번 달도 목표를 왜 못 채웠을까요?
- 뭔가를 하긴 했는데, 뭐가 문제인지 모르겠어요!

디자이너로서 이런 고민은 누구나 한 번쯤 겪습니다.
노력은 하는데, 눈에 보이는 성과가 나지 않으면
좌절하게 되고, 조금씩 지쳐가기 시작합니다.

하지만 중요한 사실은 이것입니다.
성과가 없는 이유는
노력이 부족해서가 아니라,

방향이 잘못되었거나

점검이 없기 때문입니다.

문제는 '노력의 양'이 아니라, '노력의 전략'이다.

• 하루 종일 고객 응대도 열심히 하고,

• SNS에 콘텐츠도 부지런히 올리고,

• 시술도 정성껏 했는데…

왜 매출은 그대로일까요?

그 이유는 의외로 간단합니다.

내가 했던 행동들이

성과로 연결되는지 점검하지 않았기 때문입니다.

나는 하루를 '소모'했고,

하이퍼포머는 하루를 '설계'했기 때문입니다.

성과가 정체될 때 반드시 점검해야 할 5가지

[1] 목표는 분명하게 있는가?

막연히 '이번 달도 잘해보자'가 아닌,

목표 매출, 고객 수, 재방문율 등

수치로 설정된 목표가 있는지 확인한다.

(2) 고객 분석을 하고 있는가?

어떤 고객이 매출을 만들어주는지,

어떤 고객이 떠났고, 그 이유는 무엇인지

정확히 파악하고 있는가?

(3) 제안 성공률은 얼마나 되는가?

단순히 상담만 하지 않고,

실제 고객에게 제안을 매일 하고 있는가?

고객 10명 중 몇 명이 다음 예약을 잡고 있는지 점검해야 한다.

(4) SNS는 '노출'이 아니라, '전환'으로 연결되는가?

단순히 많이 보이는 것이 아니라,

'봤다' → '예약했다'로 이어지는 구조가 되어 있는가?

통일감 있는 콘텐츠를 올리고 있는지,

고객에게 매력적으로 어필되는지 확인한다.

(5) 피드백 시스템을 운영하고 있는가?

일일 체크, 주간 리뷰나 월간 루틴 정리,

선배나 동료로부터의 피드백,

혹은 자신의 피드백 루틴이 있는가?

'이번 달 내가 잘한 것 1가지, 개선할 점 1가지'를 바로 말할 수 있는가?

성과는 감이 아니라 시스템입니다.

정체된 시기를 돌파하고 싶다면, 이 다섯 가지를 꼭 점검해 보길 바랍니다.

하이퍼포머는 성과를 우연에 맡기지 않습니다.

늘 점검하고, 조정하고, 실천하며

하루하루를 전략적으로 쌓아갑니다.

성과가 안 나올 때 이렇게 리셋하라.

단계	점검 항목	행동 전환
1단계	지난달 매출/고객 수 리뷰	상위 매출 메뉴, 고객 유형별 분석
2단계	제안/후속 관리 확인	제안 롤 플레잉 정비, 시술 후 문자 안내
3단계	SNS 콘텐츠 반응 체크	유독 반응 있는 콘텐츠 추적
4단계	자기 시간 사용 방식	대기 시간 → 교육 or 콘텐츠 제작 전환
5단계	하루 마무리 점검	일일 3줄 복기 : 잘한 일/아쉬운 점/내일 액션

하이퍼포머는 '반성'보다 '분석'을 한다.

성과가 나오지 않을 때, 많은 디자이너는 이렇게 말하곤 합니다.

"제가 아직 부족한가 봐요…"

"요즘 경기가 너무 안 좋아요…"

"상권이 애매해서 그런 것 같아요…"

하이퍼포머 디자이너는 다르게 묻습니다.
"내 루틴 중 어디에서 흐름이 끊겼을까?"
"이번 달 객단가 평균이 떨어진 이유는 뭘까?"
"어떤 제안이 어떤 고객에게 잘 통하지 않았을까?"

분석하는 사람만이 방향을 바꿀 수 있고,
방향을 바꾸는 사람만이 결과를 바꿀 수 있습니다.

성장은 직선이 아니다.

성과는 감정이 아니라, 구조입니다.
지금 결과가 만족스럽지 않다면,
그것은 능력이 부족해서가 아니라, 원인을 점검하지 않았기 때문입니다.

• 매달 같은 목표
• 같은 방식
• 같은 결과

이제는 단순한 반복이 아니라, 방향 전환이 필요합니다.
새로운 방향이 잡혀야 새로운 길이 열리고,

그 변화가 쌓일 때 비로소 '돌파 지점'을 넘어설 수 있습니다.

돌파의 순간, 그 지점이 바로 '임계점'입니다.

실력이 없는 것이 아니라,

그 실력을 임계점까지 밀고 나아가지 않았기 때문입니다.

성과는 임계점을 넘을 때, 비로소 폭발합니다.

어떤 일이든 일정한 구간까지는 지루하고, 느리고,

성과가 보이지 않는 시간이 이어집니다.

그러나 이 구간을 통과해야만,

비약적인 성장과 성과가 일어납니다.

바로 이것이 돌파 지점 임계점의 힘입니다.

하이퍼포머는 임계점을 돌파한 사람들

하이퍼포머 디자이너는 성과가 쉽게 나오지 않는 시기에도

기록하고, 연습하고, 움직이면서 그 시간을 통과합니다.

임계점을 넘어설 때까지 버티고, 집중하며, 전략을 수정합니다.

성과는 단지 기술이 뛰어난 사람에게 주어지지 않습니다.

임계점까지 버티고, 밀어붙이고, 반복하는 사람에게만 찾아옵니다.

결국, 성장은 임계점을 넘어설 때 완성된다.

지금 여러분이 해야 할 일은 단 하나입니다.

피하지 말고, 임계점을 통과하는 것입니다.

그 순간이 바로 커리어를 바꾸는 전환점이 됩니다.

하이퍼포머는 이렇게 말합니다.

"제가 바꿀 수 있는 것은 과거가 아닙니다.

지금, 이 순간의 루틴과 전략뿐입니다.

그리고 그것이 결국 임계점을 돌파하는 원동력이 됩니다."

하이퍼포머 헤어 디자이너로 살아남는 법

우리의 마음과 고객의 마음이 다른 이유

디자이너라면 한 번쯤 가졌을 의문

- 정말 최선을 다했는데,
- 디자인도 예쁘게 나왔고, 고객님도 웃으며 나가셨는데,
- "다음에 또 올게요"라고 하셨는데,
- 그런데 왜 다시 오시지 않을까요?

이러한 고민의 원인은 의외로 단순합니다.
우리가 만족하는 지점과 고객이 만족하는 지점이 달라서입니다.

우리가 '잘했다'라고 느끼는 순간과

고객이 '다시 오고 싶다'라고 느끼는 순간은 다를 수 있습니다.

디자이너가 흔히 빠지는 3가지 착각

(1) "잘 나왔는데요?"

디자이너는 스타일 결과를 보고 판단하지만,

고객은 결과보다 '느낌'을 기억합니다.

기술 이전에 말투, 표정, 분위기, 관심이 먼저입니다.

(2) "디자인은 정말 완벽했는데요?"

디테일보다 공감이 중요합니다.

'왜 이 컬러를 추천했는지',

'왜 이 기장이 어울리는지'에 대한 이해와 설명이 없다면,

고객은 만족감을 느낄 수 없습니다.

(3) "고객님도 웃으셨잖아요?"

고객은 예의상 웃고 긍정하는 때도 많습니다.

하지만 마음속으론

'다시는 오지 말아야지!'라고 생각할 수도 있습니다.

표정보다 행동을 믿어야 합니다.

리뷰를 남기는지, 다음 예약을 하는지,

하이퍼포머 헤어 디자이너로 살아남는 법

재방문이 있는지를 확인해야 진짜 반응을 알 수 있습니다.

고객의 마음은 기술보다 감정에 먼저 반응합니다.
하이퍼포머 디자이너는 그 감정의 지점을 놓치지 않습니다.
고객의 말과 행동 너머의 진짜 마음을 읽는 사람이
결국, 다시 찾고 싶은 디자이너가 됩니다.

고객과 디자이너, 서로 다른 관점

상황	디자이너 시선	고객 시선
시술 시작 전	"아, 이분 오랜만이네."	"지난번 나한테 뭐라고 했었지?"
상담할 때	"요즘 트렌드는 이거예요."	"나한테 잘 어울릴까?"
추가 제안 시	"할인도 더 해드릴게요."	"나 지금 이거 필요 없는데…"
시술 후	"모든 것이 완벽했다."	"응, 근데 설명 한마디 없었어…"

→ 하이퍼포머는 디자이너의 시선이 아닌, '고객의 입장'에서 바라본다.

고객의 마음을 여는 3가지 포인트

(1) 고객은 기술보다 기억을 원한다.

지난번에 어떤 시술을 했는지 기억해 주는 디자이너,
"그날 어떠셨어요?" 한 마디를 건네는 디자이너,
→ 그 기억이 신뢰의 관계가 됩니다.

[2] 고객은 정보보다 감정을 듣고 싶어 한다.

"요즘 이게 유행이에요."보다는

"이 컬러는 고객님 분위기랑 정말 잘 어울릴 것 같아요."

→ 고객은 정보보다 이유와 공감을 원합니다.

[3] 고객은 실력보다 안정감을 원한다.

완벽한 디자인보다

'이 디자이너는 나를 잘 이해해 주는구나'라는 감정,

→ 고객은 '다시 올 이유'를 스스로 만들고 싶어 합니다.

하이퍼포머는 고객을 '매출'이 아닌, '관계'로 바라봅니다.

단골이 많은 디자이너는 기술이 뛰어난 사람이 아니라,

기억을 잘하고, 공감하며, 신뢰를 주는 사람입니다.

그리고 그 모든 건

'고객의 마음'에 중심을 둔 일하는 습관에서 비롯됩니다.

고객은 왜 시술이 끝난 뒤, 계산까지 마치고 화장실로 향할까?

많은 디자이너가 간과하는 순간이 있습니다. 고객이 시술을 마치고 결제까지 마친 뒤, 조용히 화장실로 향하는 그 순간입니다. 미용실 내부 화장실이라면 눈치채기 쉽지만, 외부 복도에 있다면 알아채기 어렵습니다. 하지만 따라가 보면, 고객은 늘 같은 행동을 합니다. 거울 앞에 섭니다.

얼굴에 묻은 머리카락은 없는지,

페이스라인이 흐트러지진 않았는지,

방금 받은 스타일이 자신에게 어울리는지 꼼꼼히 점검합니다.

옷매무새를 고치고, 표정까지 가다듬습니다.

이 장면은 우리에게 중요한 메시지를 줍니다.

고객의 만족이 아직 완전히 자리 잡지 않았다는 뜻입니다. 디자이너 앞에서는 표현하지 못한 '아쉬움'이 남아 있다는 신호일 수 있습니다. 고객은 마지막 순간까지 '자신'을 확인합니다.

그리고 그 확인은 대부분 '불안'에서 비롯됩니다.
- 내가 원한 이미지가 맞을까?
- 지금 이 모습으로 일상을 살아도 괜찮을까?
헤어 디자인은 기술로 완성되지 않습니다.
심리의 완성으로 끝이 납니다.

디자이너가 '이제 끝났다.'라고 생각한 순간, 고객은 혼자 남아 마지막 확인을 시작합니다. 고객의 마지막 행동까지 관찰해야 진짜 고객의 심리를 이해할 수 있습니다. 고객의 불안은 거울 앞에 혼자 서는 순간 드러납니다. 진짜 만족은 시술후가 아닌, '나를 다시 마주하는 순간'에 완성됩니다.

태도가 경쟁력이다.

고객은 우리가 생각하는 것보다 훨씬 더 민감하며,

우리가 기대하는 것보다 훨씬 더 복잡합니다.

고객의 감정을 이해하지 못하면

기술은 남지만, 관계는 사라집니다.

하이퍼포머는 이렇게 말합니다.

"기술은 손이 합니다. 하지만 고객의 마음은 태도가 엽니다."

하이퍼포머 헤어 디자이너로 살아남는 법

팀워크는 곧 나의 성장이다

"나는 내 고객만 잘 보면 돼요."

"솔직히 다른 디자이너 일에는 관심 없어요."

"도와주다 보면 내 일도 못 하게 되잖아요."

실제로 이런 말을 하는 디자이너들을 자주 볼 수 있습니다.

혼자 일하고, 혼자 성장하고, 혼자 승부를 보겠다는 사람들입니다.

하지만 이런 태도는 결국 '단기 생존 전략'일 뿐입니다.

오래가는 디자이너는 절대 혼자 성장하지 않습니다.

혼자서 하는 성장에는 한계가 있다.

항목	혼자 성장	팀과 성장
성장 속도	느림, 시행착오 많음	빠름, 피드백 & 공유로 단축
정보 획득	개인 경험 중심	다양한 관점 & 스킬 공유
문제 해결	혼자 고민	함께 아이디어 & 솔루션 도출
분위기	경쟁, 불신	응원, 자극, 협력
지속 가능성	쉽게 지침	함께, 오래, 지속

→ 하이퍼포머는 '나 하나의 퍼포먼스'보다 '팀 전체의 에너지'를 높이는 방법을 찾는다.

진짜 팀워크란 무엇인가?

단순히 '잘 지내는 것'이 팀워크는 아닙니다.

성장을 중심으로 한 협력 체계가 진짜 팀워크입니다.

그래서 흔히들 성장과 매출은 팀워크에서 비롯된다고 말합니다.

하이퍼포머식 팀워크 3단계

① 공유

: 배운 정보, 경험, 고객 반응 등을 팀원에게 나누는 것

→ 예 : "이 고객은 이런 말투에 반응이 좋았어요."라고 말합니다.

② 협력

: 바쁜 동료를 도와주고, 함께 문제를 해결하는 것

→ 예 : "이것은 제가 도와드릴게요.", "어려우면 함께 해드릴게요."라고 말합니다.

③ 동기부여

: 나의 열정과 변화가 팀 전체에 자극이 되는 것

→ 예 : SNS를 열심히 하는 동료를 보고 다른 디자이너도 시작합니다.

혼자서만 일할 때의 위험

• 정보 고립 : 트렌드와 고객 반응에 둔감해집니다.
• 정서 고립 : 공감 없이 일하다 쉽게 번아웃 됩니다.
• 기회 소외 : 추천, 제안, 협업에서 밀릴 수 있습니다.
• 평판 악화 : '자신만 생각하는 사람'으로 이미지가 굳어집니다.
• 기술 고집 : 내가 정답이라는 태도로 새로운 정보를 수용하지 않습니다.

결국, 팀 안에서 고립된 디자이너는 고객 안에서도 외롭게 떨어져 나가게 됩니다.

하이퍼포머는 팀을 도구로 보지 않습니다.

그들은 팀을 함께 성장할 동료로 바라봅니다.

내가 가진 걸 나누고, 타인의 성장을 응원할 줄 압니다.

왜냐하면 혼자 성장한 사람보다, 함께 성장한 사람이
더 멀리 갈 수 있다는 걸 알고 있기 때문입니다.

하이퍼포머의 철학, 기버 vs 테이커

팀워크 속에서 사람들은 크게 두 가지 유형으로 나눌 수 있습니다.

바로 테이커(Taker)와 기버(Giver)입니다. 테이커는 언제나 '무엇을 얻을 수 있을까'에 집중합니다. 자신이 얻을 이익을 먼저 계산하고, 내가 더 가져가야 한다는 생각으로 움직입니다. 처음에는 성과를 내는 듯 보일 수 있습니다. 하지만 시간이 지날수록 동료와 고객의 신뢰를 잃고, 결국은 혼자 남게 됩니다. 왜냐하면 사람들은 본능적으로 '나만 챙기는 사람'을 알아차리기 때문입니다.

반면, 기버는 '내가 무엇을 기여할 수 있을까'에 집중합니다. 내가 가진 정보, 지식, 경험, 에너지를 나누는 것을 주저하지 않습니다. 동료의 성장을 응원하고, 고객에게 먼저 가치를 제안하며, 팀 전체가 잘되는 길을 찾습니다. 이러한 태도는 단순히 '좋은 사람'이라는 이미지를 넘어, 팀의 성과와 신뢰를 동시에 끌어올립니다.

팀워크에서 영향력을 만드는 힘

테이커 디자이너는 동료보다 자신을 우선시합니다. 모든 판단 기준이 '내가 더 이득을 보느냐'에 맞춰져 있고, 받을 것이 없다면 줄 의사조차 없습니다. 이런 태도는 단기적으로는 매출이나 수입을 늘릴 수 있을지 모르지만, 시간이 지날수록 팀의 분위기를 해치고 결국 고객 경험에도 악영향을 줍니다. 기본적인 배려가 사라진 순간, 테이커는 점점 고립됩니다. 동료는 더 이상 협력하지 않고, 고객 또한 그 태도를 감지합니다. 남는 것은 잠시의 성과가 아니라, 잃어버린 신뢰뿐입니다.

기버 디자이너는 동료가 놓친 부분을 메워주고, 고객 응대 매뉴얼이나 노하우를 먼저 공유합니다. 덕분에 팀원 전체의 실력이 올라가고, 미용실의 성장은 더 크게 확장됩니다. 고객으로서도 '이 팀은 함께 움직인다.'라는 신뢰가 생기며, 다시 찾고 싶은 미용실로 자리 잡게 됩니다. 이 차이가 쌓이면 결국 팀워크에서 더 큰 영향력을 발휘하는 사람은 테이커가 아니라, 기버임이 분명해집니다.

하이퍼포머는 왜 기버가 되는가!

하이퍼포머 디자이너는 단순히 개인 매출만 잘 올리는 사람이 아닙니다.
그들은 언제나 '함께 성장하는 힘'을 만듭니다.
• 고객에게 먼저 가치를 제안하고
• 동료와 지식을 나누며
• 팀 안에서 신뢰의 에너지를 순환시킵니다.
이런 디자이너가 있는 팀은 단순히 분위기만 좋은 것이 아니라, 성과도 탁월합니다. 기버가 많은 팀은 서로의 성장을 응원하고, 그 안에서 자연스럽게 성과와 신뢰가 따라옵니다.

팀워크의 본질은 '기여'다.

결국, 팀워크는 감정이 아니라 전략입니다.

테이커는 순간 얻을 수 있지만 오래 가지 못합니다. 반대로 기버는 당장은 손해처럼 보여도, 시간이 갈수록 더 많은 신뢰와 성과를 얻게 됩니다. 미용실에서 오래 신뢰받고, 팀을 성장시키며, 진정한 영향력을 발휘하는 사람은 바로 기버입니다. 하이퍼포머는 언제나 기버의 길을 선택합니다.

하이퍼포머 헤어 디자이너로 살아남는 법

제2장

고객 응대는
'전략'이다

1

거절 앞에 상처받지 않는 법

"저는 그냥 생각 좀 해볼게요."

"지금은 괜찮아요."

"다음에 할게요."

"다른 분한테 하면 안 될까요."

이 말을 들은 디자이너의 마음은 무거워집니다.

그리고 머릿속에는 이런 의문이 맴돌기 시작합니다.

'내가 부족한 건가?'

'내가 뭘 잘못했지?'

하지만 이것은 '거절'이 아니라,

'기회'의 문이 아직 열리지 않은 것일 뿐입니다.

거절 앞에서 무너지는 디자이너의 흔한 반응

"나랑 안 맞는 고객이었어." → 고객 탓

"요즘 경기가 안 좋아서…" → 환경 탓

"난 원래 말주변이 없으니까." → 자기합리화

→ 이렇게 자신을 방어하기 시작하면, 성장은 멈추게 됩니다.

거절은 실패가 아니라 '데이터'다.

고객의 거절은 나에 대한 부정이 아니라

상황, 설명, 신뢰의 부족을 알려주는 신호일 뿐입니다.

타이밍이 안 맞았을 수도 있습니다.

설명이 고객의 언어가 아니었을 수도 있습니다.

신뢰가 쌓이기엔 아직 이른 시점일 수도 있습니다.

하이퍼포머 디자이너는 거절을 '상처'가 아닌, '정보'로 해석합니다.

한 번의 거절을 통해, 다음 제안을 더 정교하게 준비합니다.

거절은 멈춤이 아니라, 방향을 조정하는 신호가 될 수 있습니다.

"고객은 아직 준비되지 않았을 뿐입니다. 그렇다면 나는,

더 좋은 타이밍과 더 나은 방식으로 다시 다가가면 됩니다."

하이퍼포머는 거절을 '분석'한다.

질문	일반 디자이너	하이퍼포머 디자이너
고객이 거절했을 때	실망 & 단념	이유를 파악
제안 실패 후	그냥 넘김	다음을 준비
피드백 요청	하지 않음	적극적으로 받음

→ 하이퍼포머는 거절에서 고객의 심리를 읽고, 다음 제안을 정교하게 다듬는다.

거절 앞에서 무너지지 않는 3단계 방어 전략

① 개인화하지 말 것
→ 고객의 거절은 '나'에 대한 평가가 아니라

지금, 이 순간 조건에 대한 응답이다.

② 기록하고 분석할 것
→ 어떤 제안을 했고, 어떤 반응이었는지 간단히 메모하라.

→ 반복되는 유형이 있다면 전략을 바꿔라.

하이퍼포머 헤어 디자이너로 살아남는 법

③ 작은 신뢰부터 다시 쌓을 것

→ 고객이 거절했다면 다음 방문 시

"그때 말씀하신 컬러 고민은 어떻게 되었나요?"

→ 기억을 기반으로 한 신뢰 회복에 힘쓴다.

하이퍼포머의 응대 습관

거절은 진짜 거절이 아닙니다.

고객은 단지 '아직 준비되지 않았다.'라고 말하고 있는 것뿐입니다.

하이퍼포머는 이 거절조차도 배움의 기회로 전환합니다.

그리고 결국 고객은 다시 돌아와 이렇게 말합니다.

"저번에 말씀해 주셨던 그거…, 이번에 해볼까 해요."

고객 응대는 제안에서 시작한다

고객은 "뭘 해드릴까요?"라는 질문에
진짜 원하는 것을 말하지 않습니다.

"그냥 다듬어 주세요."
"기장 그대로요."
"오늘은 그냥 커트만 할게요."

이런 말들 속엔 사실 '숨겨진 니즈'가 숨어 있습니다.
하지만 대부분의 디자이너는 그 말 그대로만 행동합니다.

→ 이때 하이퍼포머는 '제안'으로 차이를 만듭니다.

왜 제안이 중요한가?

고객은 전문가의 제안을 기다리고 있습니다.

말은 하지 않아도, '내게 어울리는 게 뭘까?'를 알고 싶어합니다.

• 고객은 확신이 없어서

• 전문가의 리드가 편하므로

• 제안을 받으면 선택이 편하므로

제안의 3단계 프레임워크

① 관찰 – 말보다 표정·톤·행동을 읽는다.

머리를 자주 만진다 → 스타일 불만

잔머리 정리 요청 → 얼굴형 단점 보완

컬러 유지 물어봄 → 톤 정리 및 이미지 변화 고려 중

② 공감 – 고객의 감정에 맞는 언어를 사용한다.

"지금 톤도 예쁘긴 한데, 좀 밝아지셨죠?"

"요즘 날씨에 이 기장, 무거우시죠?"

→ 고객이 "맞아요!"라고 답하면 제안의 타이밍입니다.

③ 제안 – 선택지를 제시하며 부드럽게 리드한다.

"이 스타일도 괜찮고,

좀 더 가볍게 바꾸는 방법도 있어요.

어떤 스타일이 끌리세요?"

→ Yes or No가 아닌, Option A vs B 방식으로 제안합니다.

제안이 어려운 이유는 무엇일까?

• 거절당할까 봐 두려워서

• 고객 눈치를 보느라

• 내 제안에 확신이 없어서

→ 하지만 제안이 없으면 성과도 없습니다.

하이퍼포머는 매 순간 제안한다

상황	보통 디자이너	하이퍼포머 디자이너
커트 고객	기장만 정리	뿌리 볼륨펌, 헤드스파, 다운펌
염색 후	마무리만	홈케어 제품 추천
펌 고객	시술 후 종료	유지 팁 + 클리닉 추가 제안
첫 방문 고객	인사로 끝	다음 방문 시기 안내

→ 하이퍼포머는 상담이 아니라, 전략적인 대화를 한다.

"거절은 대부분 고객의 자연스러운 방어 반응일 뿐이다."

하이퍼포머 헤어 디자이너로 살아남는 법

고객의 "괜찮아요.", "다음에 할게요."라는 것은 진짜 거절이 아닐 수 있습니다.

거절의 기준은 고객의 즉각적인 반응을 곧바로 '무조건적 거부'로 해석하지 않는 데 있습니다. 많은 경우 거절은 구매 의사가 없어서가 아니라, 불확실성과 리스크에 대한 심리적 방어 반응일 뿐입니다. 따라서 디자이너는 고객의 첫 반응에 흔들리지 않고, 그 뒤에 숨은 진짜 필요를 이해하려는 태도가 필요합니다. 90% 이상의 반응이 가벼운 방어적 거부일 수 있다는 사실을 알게 되면, 디자이너는 훨씬 편안하고 자연스럽게 제안할 수 있습니다.

이때 필요한 건, '인식의 전환'입니다.

"거절당했어…"보다는
"정보 전달이 제대로 안 됐어."
"아직 문이 안 열린 거야."
이렇게 생각이 바뀌면, 제안은 더 이상 두려운 일이 아니라,
대화창을 여는 도구가 됩니다.

거절을 두려워하지 않는 '제안 마인드'

"고객은 거절하지 않습니다.
단지 준비되지 않은 제안에 반응하지 않을 뿐입니다."

제안에 강해지는 1·2·3 법칙

3명의 고객 중 2명은 거절합니다.
하지만 반드시 1명은 선택합니다.

그래서 제안은 '선택받기 위한 설득'이 아니라,
'정보 제공과 신뢰 구축'의 과정입니다.

제안을 포기하지 않고 반복하면
• 1명이 선택
• 단골화
• 고객 수 증가
• 매출 상승으로 이어집니다.

제안은 '고객 맞춤형'이어야 한다.

"이 헤어스타일이 어울릴 것 같은데요."보다는
"○○ 고객님께는 이 헤어스타일이 가장 잘 어울려요."가 더 강력합니다.
고객의 이름을 직접 부르고,
이전 방문 내용을 기억하며,
고객의 라이프스타일에 맞춰 제안하기 바랍니다.
하이퍼포머 디자이너는 '거절'조차도 다음 기회의 발판으로 삼습니다.

　　　　　　　　　　　　　　　하이퍼포머 헤어 디자이너로 살아남는 법

스스로 제안을 잘하고 있는지 체크해 보자.

체크 항목	점검 여부
고객의 현재 니즈를 파악했는가? • 요즘 스타일에 대한 고민이나 요청 사항은 있었는가?	☐
최근 고객의 불만족 요소를 관찰했는가? • 스타일 유지력, 컬러 퇴색, 기장 불편 등 반복적인 이슈는 없는가?	☐
오늘 제안할 '타이밍'을 포착했는가? • 상담 중, 샴푸 중, 커트 전/후 가장 자연스러운 순간을 잡았는가?	☐
고객의 말을 충분히 이해한 후 설명을 시작했는가? • "기존 스타일은 손질하시기에 괜찮으셨어요?" • "이번엔 손질이 좀 더 쉽게 정리되는 방향으로 도와드릴게요."	☐
업셀링·크로스셀링 제안 or 다음 방문을 유도했는가? • A vs B 제안으로 선택지를 줬는가? • 다음 시술 계획을 자연스럽게 연결했는가?	☐

→ 매일 아침, 예약 고객 정보 기반으로 사전 제안 내용을 체크해 보자.

고객 응대의 시작은 '인사'가 아니라 '제안'입니다.

고객이 마음의 문을 열 때까지 기다리지 말고,

제안이라는 열쇠로 먼저 열어야 합니다.

제안을 습관화하는 순간,

당신은 단순한 기술자가 아니라,

신뢰받는 조언자이자 파트너가 됩니다.

고객 수 300이라는 숫자가 의미하는 것은

누구나 돈 많이 버는 디자이너가 되고 싶어 합니다.

예약 창이 꽉 찬 디자이너,

대기 리스트가 있는 디자이너.

말 그대로 '고객이 끊이지 않는 디자이너'를 꿈꿉니다.

하지만 실제 숫자로 따지면 어떨까요?

• 월 고객 100명도 채 되지 않는 디자이너

• 월 고정 고객 150명을 유지하는 디자이너

• 월 고객 200명 이상을 안정적으로 유지하는 디자이너

이들 사이에는 분명한 차이가 있습니다.

바로 효율성, 재방문율, 그리고 고객과의 연결 밀도에서
그 차이가 드러납니다.

시대에 따라 변화한 '고객 수'의 개념

과거에는 고객 유입이 활발하고 직원 구인도 수월했기 때문에, 고객 수 자체가 핵심 성과 지표였습니다. 디자이너들은 하루에도 수많은 고객을 시술하며 경험과 매출을 동시에 쌓을 수 있었습니다.

하지만 시간이 흐르며 상황은 바뀌었습니다. 구인은 점점 어려워졌고, 고객 수도 자연스럽게 줄었습니다. 이때 등장한 것이 '정액권 기반 선불 시스템'입니다. 이 시스템은 일정 매출을 확보하고, 고객 이탈을 줄이는 '락인 효과(Lock- in effect)' 덕분에 미용실 운영의 핵심 전략이 되었습니다. 그에 따른 문제점도 있지만 실보다 득이 많은 전략입니다.

최근에는 네이버 예약, 네이버페이, SNS를 활용한 디자이너 개인의 퍼스널 브랜딩이 확산되면서, "선불권을 계속 유지해야 할까?"라는 고민을 하는 미용실이 늘어나고 있습니다. 고객 수 중심의 운영에서 벗어나, 이제는 높은 객단가와 브랜드 중심의 고객 경험이 더 중요한 시대로 전환되고 있는 시점에 있습니다. 플랫폼의 영향력을 무시할 수 없는 상황입니다.

고단가 중심의 시대, 그러나 간극은 존재한다

현실은, 적은 고객 수로 고단가만을 추구하기엔 아직 간극이 존재합니다. 고객 수를 일정 이상 유지하지 않으면, 안정적인 매출 구조를 만들기 어렵고, 브랜드 팬층이 형성되기까지도 시간이 필요합니다. 결국, 고객 수와 객단가의 균형을 적절하게 설계하는 일이야말로 지금 이 시대 디자이너와 미용실 운영자에게 가장 필요한 전략이라 할 수 있습니다.

300명의 고객을 만든다는 것의 의미

'신규 고객 + 대체 고객 + 지명 고객 = 300명'이라는 숫자는 상징적인 기준치입니다. 고객 수 기준은 지역, 상권, 미용실 운영 방식에 따라 달라질 수 있습니다. 어떤 미용실은 객단가 중심으로, 어떤 곳은 고객 수 중심 또는 선불권 기반으로 수익 구조를 설정하기도 합니다.

디자이너 수수료 역시 다양한 방식으로 운영됩니다. 고정 고객 수에 따라 인센티브를 지급하거나, 신규/고정 고객을 구분해 수수료를 차등 지급하거나, 매출 기준으로 일괄 지급하는 방식 등입니다. 이 중 '고객 수'를 기준으로 한 곳은 고객 수 자체를 가장 중요한 지표로 삼는 경우입니다.

수수료 정산 과정에서 월 300명 이상을 꾸준히 시술하는 디자이너들을 자주 보았습니다. 그들은 모두 확실한 성과로 하이퍼포머임을 증명해 주었습니다.

하이퍼포머 헤어 디자이너로 살아남는 법

다만 이 수치는 대부분 인턴이 함께하는 구조에서 가능하며, 매장 자체의 고객 유입력이 높거나 해당 디자이너에 대한 고객 수요가 상당히 클 때, 비로소 달성할 수 있습니다.

※ 인턴 유무, 1~2인 숍, 3~4인 숍 등 살롱의 구조와 직원의 형태에 따라 '고객 수 기준'은 달라져야 합니다.

다시 말해,
300명의 고객을 한 달 안에 맞이한다는 것은
25일 근무 기준으로 하루 12명의 고객을 맞이하는 풀타임 운용입니다.

300명 ÷ 25일 = 하루 12명
200명 ÷ 25일 = 하루 8명
150명 ÷ 25일 = 하루 6명
100명 ÷ 25일 = 하루 4명

이 수치는 단순히 바쁨을 의미하는 것이 아니라
하루 운영력, 시간 배분, 시술 설계력까지 포함된 결과입니다.

고객 수는 하이퍼포머의 핵심 지표이다.

고객 수는 단순한 숫자가 아니라,

하이퍼포머 디자이너의 일머리 수준을 나타내는 지표입니다.

객단가만 높다고 해서 안정적인 매출이 유지되지 않습니다.

고객 수가 적고, 고단가 시술에만 의존한다면,

단 몇 명의 예약 일정 변경만으로도 매출 구조 전체가 흔들릴 수 있습니다.

반면 충분한 고객 수를 확보하고 운영하는 디자이너는

기술력, 상담력, 회전율, 루틴 유지력 등

효율성을 기반으로 한 탄탄한 퍼포먼스를 갖춘 사람입니다.

고객 수를 다룬다는 것은 곧 다음과 같은 역량을 의미한다.

• 빠르고 정확한 상담 및 시술 구조

• 시간 배분과 시술 동선 최적화

• 파트너(인턴, 크루)와의 협업 및 분업 능력

• 반복되는 루틴 속에서도 흔들림 없는 퍼포먼스 유지

결국, 고객 수는 몸에 밴 업무 처리 능력,

즉, 진짜 하이퍼포머를 증명하는 수치입니다.

이 수치를 감당할 수 있는 운영력이 없다면,

진정한 의미의 퍼포먼스는 완성되기 어렵습니다.

하이퍼포머 헤어 디자이너로 살아남는 법

고객이 많아지는 디자이너의 특징

항목	일반 디자이너	하이퍼포머 디자이너
예약 관리	수동적, 빈 곳 채우기	능동적, 전략적 배치
응대 습관	매번 리셋	기억, 맞춤, 연속성
후속 제안	거의 없음	리터치, 홈케어, 리예약
SNS	가끔 업로드	연출, 연결, DM 활용
고객 관리	내담 위주	CRM 기반 기록 관리

300명의 고객은 '관계의 총량'이다.

'예약 수 = 관계의 수 = 신뢰의 빈도수'입니다.

고객은 단순히 '머리를 하러 오는 것'이 아닙니다.
그들은 기분 전환, 만족감, 안정감이라는 '감정의 니즈'를 충족하길 원합니다.
그리고 그 니즈에 섬세하게 응답하는 디자이너는 기억에 오래 남습니다.

→ 관계의 감도가 높은 디자이너일수록 재방문율이 높아집니다.

단골이 되기까지 필요한 '접점의 법칙'

"한 번 방문한 고객이 단골이 되기까지는

최소 3~5회의 긍정 경험이 누적되어야 합니다."

단순한 만족이 아니라, 기억에 남는 경험이 쌓여야

고객은 '다시 오고 싶은 마음'을 갖게 됩니다.

→ 이때 필요한 것이 바로 기록, 사후 관리, 맞춤형 제안입니다.

단골 고객 300명을 만든 하이퍼포머의 습관

습관 단계	실행 내용
1단계	첫 방문 고객의 특징을 기록합니다. → 직업, 스타일, 주요 고민 키워드
2단계	시술 후 후속 메시지를 보냅니다. → "시술 후 스타일은 괜찮으셨어요?"
3단계	3번째 방문에 맞춤형 제안을 합니다. → "고객님은 이런 라인이 확실히 더 잘 어울리세요."
4단계	4번째 방문부터 기억되는 관계가 됩니다. → "지난번에 아드님 생일 파티 잘하셨어요?"

이런 반복적이고 일관된 관계 구축은 결국 '300명의 고정 고객'이라는 자산으로 이어집니다. 관계는 기술보다 오래 남고, 신뢰는 매출보다 강합니다. 하이퍼포머는 고객 수를 '숫자'가 아닌, '관계의 깊이'로 바라봅니다.

고객 수는 '시간'보다 '태도'의 문제다.

누군가는 1년을 일해도 100명을 넘기지 못하고,
누군가는 3개월 만에 예약 창을 가득 채웁니다.

결국, 차이는 이 한 줄에서 갈립니다.
"내가 고객을 어떻게 맞이하고, 어떻게 보내는가."

그 태도가 내 예약의 흐름과 내 고객의 미래를 결정합니다.
오늘의 고객 한 명이 다음 달 고객 300명을 만드는 씨앗이 됩니다.

4

고정 고객 수를 늘리는 시나리오

이 고민은 주로 현장에서 커트 고객, 앞머리 커트, 어린이 고객, 샴푸 고객, 드라이 고객 등 '돈이 되지 않는 고객'을 받지 않으려는 분위기에서 비롯되었습니다. 보통은 순번을 정해 공평하게 고객을 응대하려 하지만, 일부 디자이너는 요령 있게 그 순서를 회피하기도 합니다.

예를 들어, 시술 마무리를 일부러 길게 끌거나, 다른 이유를 들어 자연스럽게 순서를 넘기곤 합니다. 이럴 때 매장 리셉션 입장에서는 참으로 난감한 상황에 놓이게 됩니다.

모든 고객이 소중한 것은 분명하지만, 현실은 그렇지 않게 흘러갈 때가 많기 때문입니다. 그래서 저는 갓 데뷔한 디자이너들에게 고객에 대한 인식을 새롭게 심어주고 싶었습니다.

"고객을 가려 받지 않는다."
"무조건 받는다."

처음에는 '돈이 되는 고객', '되지 않는 고객'을 구분하지 않고 모든 고객을 받아보는 경험이 필요합니다. 그런 경험 하나하나가 쌓이면서 결국 '나만을 찾는 고객'이 생기기 때문입니다.

처음부터 고객을 '선별할 수'는 없습니다.
그보다는 '채워가는 경험'이 중요합니다.

많은 고객을 만나고, 다양한 스타일을 시술해 보고, 다양한 요구를 가진 고객을 상대해 보며 디자이너로서의 실력과 감각이 다듬어지고, 루틴이 만들어지며, 브랜드가 형성됩니다. 그리고 그 과정을 통해 나와 결이 맞는 고객, 나를 찾아주는 고객, 결국 나의 단골이 만들어집니다.

"지금 만나는 고객은
나의 성장을 간절히 바라는 나의 스승이며 성장의 디딤돌이다."

현장에서 이미 익숙해진, 오래된 디자이너들을 설득해 변화를 기대하는 것보다, 데뷔하는 신입 디자이너에게 명확한 'C-고정 고객' 기준을 세워주고, 실전에서 다르게 행동하게 하는 것이 더 효과적이었습니다.

그리고 이 기준점은 단순한 감이 아니라, 성장 과정에서 나타난 지표, 결과를 이루는 과정에서 나타난 지표 등 CRM에 기록된 데이터를 기반으로 도출되어야 합니다. 그래야 디자이너 자신도 이해하고, 실행할 수 있기 때문입니다.

ABC 고객, 깔때기 전환 법칙

깔때기 구조란?
미용실 고객의 유입과 전환은 '깔때기(Funnel)' 구조처럼 작동합니다.
처음에는 다양한 고객을 만나지만,
결국 남는 건 '고정 고객(C)'입니다.
이들이 디자이너의 성장과 매출을 책임지게 됩니다.
A(신규) + B(대체) → C(고정)

이 흐름을 구조화한 것이 바로 '깔C 전환 법칙'입니다. (경대 4~5자리에 모두 고정 고객이 앉아 있는 디자이너를 보며 떠올린 개념입니다.)

고객 유형 분류

A - 신규 고객 : 처음 매장에 방문한 고객
B - 대체 고객 : 다른 디자이너 또는 미용실 이용 후 나에게로 유입된 고객

하이퍼포머 헤어 디자이너로 살아남는 법

C - 고정 고객 : 나를 지명하여 반복적으로 방문하는 고객

'깔C 전환 법칙' 전환율

A + B = 총 유입 고객 100명

→ 전환율 : 10~40%

→ 결과 : C 고객 10~40명 확보

→ 전환율은 디자이너의 역량과 성장 속도에 따라 달라집니다.

'깔C 전환 법칙' 구조 설계 포인트

① 상위 깔때기 (A, B 고객)

• 많을수록 좋습니다.

• 유입량 확보가 관건입니다.

• 광고, SNS, 추천 등을 통해 채널을 넓히는 것이 중요합니다.

② 중간 깔때기 (전환 단계)

• 경험 설계와 만족도 관리가 핵심입니다.

• 첫 방문부터 '다음 방문'을 유도해야 합니다.

• 상담, 제안, 후기, 케어, 소통 등 세심한 전략이 필요합니다.

③ 하위 깔때기 (C 고객)

- 디자이너의 지속 매출, 팬, 자산입니다.
- 이 고객들이 디자이너의 커리어를 탄탄하게 만듭니다.
- 루틴 관리, CRM, 브랜딩이 장기 유지의 핵심입니다.

고객 유형에 따른 '깔C 전환' 구조

구분	고객 유형	설명	디자이너의 전략 포인트
A	신규 고객	처음 매장에 방문한 고객	첫인상, 정보 전달 O 라포르 형성, 업셀링 X
B	대체 고객	다른 디자이너 or 미용실 이용 후 나에게로 유입된 고객	비교우위, 신뢰 회복
C	고정 고객	나를 지명하고 반복 방문하는 고객	맞춤 제안, 팬심 전략

고정 고객은 '우연'이 아니라 '전략'입니다. 유입(A, B)은 넓게, 전환은 깊게, 유지(C)는 단단하게 설계하십시오. 당신의 '깔C 전환 법칙' 구조가 완성되면, 매출과 나라는 브랜드는 자동으로 따라오게 됩니다.

시간에 따른 ABC 전환 시나리오

(예시)
- A+B 유입 고객 / C 누적 단발성 전환 기준
- A+B 유입(명) : 매월 100

- 전환율 : 단발성 10%~40%
- 월 전환 C : 그달 유입 100명 중 10%~40% 전환

기간	C 누적 고객 수(10%)	C 누적 고객 수(20%)	C 누적 고객 수(30%)	C 누적 고객 수(40%)
1개월 후	10명	20명	30명	40명
2개월 후	20명	40명	60명	80명
3개월 후	30명	60명	90명	120명
6개월 후	60명	120명	180명	240명
9개월 후	90명	180명	270명	360명
12개월 후	120명	240명	360명	480명
15개월 후	150명	300명	450명	600명
18개월 후	180명	360명	540명	720명
24개월 후	240명	480명	720명	960명

→ 고객 전환율이 높아질수록, A+B 유입이 줄어도 C 누적은 상승한다.

깔때기를 돌려야 고정이 생긴다.

하이퍼포머 디자이너는 절대 지명만을 기다리지 않습니다.

'고정 고객(C)'을 만들기 위해 A, B 고객을 기꺼이 받아들이는 사람입니다.

"오늘의 A와 B는 내일의 C입니다.

깔때기를 돌리는 디자이너만이 고정 고객을 얻습니다."

즉, A와 B 고객의 유입은 씨앗이고,

그 씨앗을 제대로 키운 결과가 C라는 자산이 됩니다.

고정 고객(C)이 늘어나야 진짜 성장의 사이클이 시작됩니다.

성공한 디자이너는 A/B 고객을 거절한 사람이 아니라,

그들을 전환시킨 사람입니다.

오늘 하루, 깔때기를 돌리고 계신가요?

지금 받는 A, B 고객 안에

당신의 미래 자산인 C 고객이 숨어 있을지도 모릅니다.

<그림2> 깔C전환 법칙 Funnel Slide

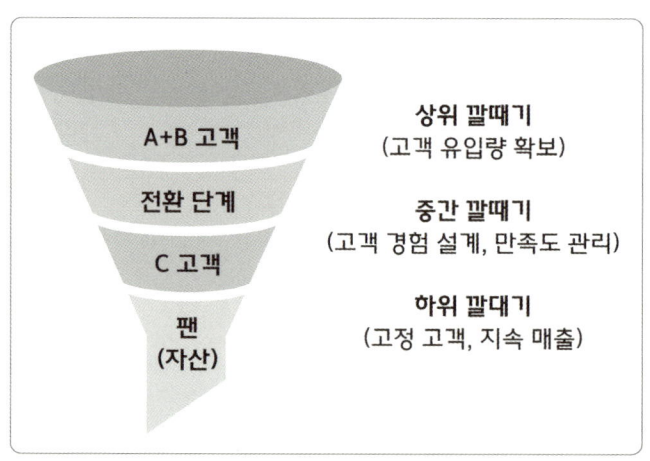

하이퍼포머 헤어 디자이너로 살아남는 법

⑤
객단가 올리는 1+1 법칙

객단가 상승의 핵심 전략 OPOL(One Plus One Law)

미용실의 메뉴 가격은 단순히 금액을 정하는 일이 아닙니다.

미용실 경영 철학, 내부 운영 구조, 외부 시장 상황, 그리고 물가 상승 등을 종합적으로 고려해 설계됩니다. 그중에서도 한 명의 고객이 지불하는 평균 시술 금액, 즉 객단가는 매우 중요한 지표입니다. 하지만 객단가는 단순히 가격을 올린다고 높아지지 않습니다. 아무리 기술력이 뛰어나고 서비스 품질이 좋아도, 단일 시술 메뉴만으로는 객단가 상승에 한계가 있기 때문입니다.

객단가를 높이기 위해선 메뉴 구성, 제안 전략, ※고객 경험 설계 등 다양한 요소를 유기적으로 설계해야 합니다. 그래서 저는 이 전략을 '1 더하기 1 법칙'이라 부릅니다. 즉, 고객이 하나의 서비스를 선택하면, 디자이너는 그에 어울리는 하나를 추가로 제안해서 자연스럽게 소비를 확장하는 방식입니다.

※ 고객 경험 설계(Customer eXperience Design)는 나의 관점이 아닌, 고객의 관점에서 심리와 행동을 이해하고, 서비스 전 과정에서 긍정적인 기억을 남기도록 설계하는 것입니다. 미용실의 서비스는 CS(Customer Satisfaction)를 넘어서 CX Design 설계가 중요합니다.

One Plus One Law란?

"고객이 하나를 선택하면, 나는 하나를 더 제안한다."
예를 들어,
• 커트 + 두피스케일링
• 커트 + 뿌리염색
• 컬러 + 클리닉
• 펌 + 스타일링 제품
• 시술 + 홈케어 제품
• 1회 시술 + 정액권 제안
• 1회 시술 + 회원권 제안
이처럼 고객이 선택한 시술에 맞춰 자연스럽게 하나 더 연결하는 구조로, 고객의 만족도를 높이고, 객단가도 함께 상승시키는 단순하지만 강력한 전략입니다.

하이퍼포머 헤어 디자이너로 살아남는 법

One Plus One Law 실전 적용법

(1) 업셀링(Up-Selling)

고객이 선택한 서비스의 상위 옵션을 제안해 단가를 올리는 방법

- 일반펌 → 디지털펌
- 기본 컬러 → 프리미엄 컬러
- 커트 → 헤드스파 커트

핵심 : "더 좋은 결과를 위해 한 단계 더"

(2) 크로스셀링(Cross-Selling)

고객이 이미 선택한 서비스에 연관 메뉴를 추가 제안해 시너지를 만드는 방법

- 펌 + 뿌리 볼륨펌
- 컬러 + 컬러 전용 샴푸
- 모발 클리닉 + 두피 클리닉

핵심 : "함께 시술하면 효과가 좋아요."

(3) 정액권·회원권 판매 (락인 전략)

고객의 재방문을 유도하기 위해 일정 금액을 미리 결제하고 시술을 나눠 쓰는 방식

- 커트 회원권(5회권)

- 클리닉 회원권(10회권 + 1회권 추가)

- 금액 선불권(30만 원, 50만 원, 80만 원/ 6개월 권, 9개월 권, 12개월 권)

- 시즌별 스페셜 패키지

핵심 : "앞으로도 계속 관리받으실 거라면 이게 훨씬 더 효율적이에요."

(4) 나만의 스페셜 메뉴 전략

메뉴 기획 단계에서 설계형 패키지로 만들면서 상대적으로 단가를 높여놓는 방식

- Up + Cross-Selling이 자연스럽게 녹아드는 메뉴 설계

- 특정 시술을 묶는 '세트 메뉴' 전략

  (열펌 + 뿌리염색 패키지, 워터펌 + 수분앰플 케어)

- 계절별 / 시즌별 스페셜 패키지

  (봄철 두피디톡스 + 산뜻한 컬러 변신)

  (겨울철 수분 클리닉 + 윤기 강화 컬러)

핵심 : "이 서비스 받아보시면 정말 만족하실 거예요."

고객이 받아들이는 이유는 '믿음 + 이유'

고객이 추가 제안을 받아들이는 이유는 간단합니다.

- 제안이 나를 위한 것이란 확신이 들 때

하이퍼포머 헤어 디자이너로 살아남는 법

- 디자이너의 말에 신뢰가 쌓였을 때
- 문제 해결에 꼭 필요한 솔루션일 때

고객은 강요가 아닌, 설득과 공감에 반응합니다.
결국, 'One Plus One Law'은 제안력과 신뢰의 합작품입니다.

객단가 상승은 연결력에서 시작된다.

고객은 "이 정도면 됐어"가 아니라, "이왕이면 더 좋게"를 원할 때가 많습니다. 하이퍼포머 디자이너는 이 심리를 읽고, 'One Plus One Law'을 통해 자연스럽게 서비스를 확장하고 매출과 만족을 동시에 올리는 설계자가 되어야 합니다.

OPOL 실천 가이드 — 하이퍼포머 디자이너를 위한 실전 매뉴얼

Step 1. 사전 설계 - 메뉴별 연결고리 만들기

시술 메뉴 간의 흐름을 미리 구조화해 두면 제안이 훨씬 자연스러워집니다.

예 : 커트 → 다운펌, 염색 → 두피 케어, 펌 → 클리닉 연결 등

기획된 연결 고리는 제안의 자신감을 높여줍니다.

구분	추천 추가 제안	비고
커트	두피 스케일링, 디자인 스타일링	재방 유도
컬러	프리미엄 케어, 컬러 전용 샴푸	컬러 유지 강조

펌	수분케어, 세팅·디지털 업그레이드	열 손상 대비
시술 후	홈케어 제품, 다음 예약 제안	※ LTV 확대

→ 미리 준비된 제안 키트(예 : 시술 사진 + 홈케어 사용법)가 있으면 설득이
쉬워진다.

※ LTV(Lifetime Value, 고객 생애 가치) 확대란, 한 명의 고객이 우리에게 머
무는 기간 동안 발생시키는 총수익을 늘리는 전략을 말합니다. 미용업에서
는 단순히 '방문자 수 늘리기'가 아니라, 고객과의 관계를 얼마나 오래, 깊
게, 자주, 고단가로 이어갈 수 있느냐가 핵심입니다.

$$LTV = 방문 횟수 × 객단가 × 방문 유지 기간$$

Step 2. 현장 실행 - 제안의 타이밍과 말투
제안은 고객이 '받아들일 준비가 된 순간'에 자연스럽게 던져야 합니다.

• 시술 중 : "요즘 오시는 고객님들은 이 세트 구성을 많이 선택해요."
• 마무리 단계 : "모발 상태 보니까 다음에 이 케어 같이하면 훨씬 좋아요."
• 다음 예약 제안 : "3주 후쯤 관리받으시면 더 오래 유지되세요."

→ 핵심은 '판매'가 아닌, '배려'처럼 느껴지게 하는 화법입니다.

Step 3. 결과 기록 – 객단가 변화를 추적하라.

한 번의 제안이 아닌, 지속적 연결을 위한 기록이 필요합니다.

- 고객별 시술 이력
- 제안 반응 및 업셀링 성공률
- 재방문 시 선택한 추가 메뉴

→ CRM 시스템, 또는 본인만의 고객 관리 노트를 활용하면 다음 제안이 훨씬 편안해집니다.

제안은 단기 매출이 아닌, 장기 관계 설계입니다.

고객의 니즈를 이해하고, 흐름에 맞춘 제안을 이어가는 디자이너는

단순한 시술자가 아니라, 문제를 해결해 주는 조언자로 기억됩니다.

그 결과, 객단가는 자연스럽게 오르게 됩니다.

$$6$$

우량고객의 조건

"당신의 매출은 모든 고객이 아니라, 특정 고객이 만든다."

모든 고객이 소중하지만,

CRM 데이터를 보면 실제 매출을 만드는 고객은 일부라는 걸 알 수 있습니다.

이런 고객이 진짜 우량 고객이다.

• 방문 주기가 일정한 고객

→ 3주, 4주, 6주 등 규칙적으로 찾아오시는 고객

• 시술 금액이 꾸준히 높은 고객

→ 커트 외 펌, 염색, 케어 등 복합 시술을 자주 받으시는 고객

• 지인을 소개해 주는 고객

→ 본인만 오시는 게 아니라 친구, 가족까지 함께 방문하시는 고객

• 재방문율이 높은 고객

→ 신뢰와 관계가 형성되어 있어, 디자이너의 권유를 잘 받아들이는 고객

이 네 가지 조건에 꾸준히 해당한다면, 이분들은 단순 고객이 아니라,
당신의 성장을 만들어주는 진정한 파트너입니다.

전체 고객의 상위 20%가 매출의 80%를 만든다.

미용실 CRM 시스템(예 : 헤어짱, 핸드SOS 프로그램 등)을 통해 확인해 보면,
매출의 핵심은 반복 방문 + 객단가 + 전환율에서 나온다는 것을 알 수 있습니다.

• 방문 주기 : 규칙적, 짧을수록 안정적
• 객단가 : 1회 방문당 평균 소비 금액
• 전환율 : 신규 → 재방문 → 단골로 이어지는 비율

→ 결국, '지속적으로 나를 찾는 사람'이 진짜 자산이다.
  그들은 '나의 성장을 만들어주는 사람'이다.

우량 고객을 판단하는 RFM 지표

항목	의미
Recency (최근 방문일)	최근 언제 방문했는가?
Frequency (방문 빈도)	얼마나 자주 방문하는가?
Monetary (누적 소비액)	누적 결제 금액이 얼마나 되는가?

→ 이 세 가지가 높을수록, 우량고객의 비율도 높아진다.

단골 전환 능력이 진짜 실력입니다.

신규 고객을 많이 유치하는 것도 중요하지만,

그들을 고정 고객으로 전환시킬 수 있는 능력이

진짜 하이퍼포머 디자이너의 역량입니다.

우량고객 vs 유효고객 vs 휴면·이탈고객

고객 유형	특징	전략
우량고객	주기적 방문, 객단가 높음	관계 강화, 전환율 유지
유효고객	최근 3개월~6개월 전	메시지·후속 제안 필요
휴면·이탈고객	7개월~12개월 전 방문	포기 or 리마케팅

→ 하이퍼포머는 CRM을 단순히 '기록'이 아닌, '분석 도구'로 활용한다.

하이퍼포머 헤어 디자이너로 살아남는 법

"기억이 아닌, 데이터로 고객을 대하라."

고객을 기억에 의존하지 마십시오.
고객 관리 프로그램(CRM)을 통해 아래와 같은
체계적인 전략을 실행하는 것이 디자이너의 실력입니다.

• 주기적인 재방문 알림
• 객단가 기반 맞춤형 제안
• 유효고객 리커버리 전략 실행

하이퍼포머는 고객을 많이 관리하고,
자주 오는 고객은 더 깊게 관리합니다.

디자이너 연차별 고객 전략

① 신입 디자이너 : '고객 수'에 집중하세요.

고객을 가리지 마세요. 처음엔 모든 고객이 선생님입니다.
초반에는 수익보다 경험의 양이 중요합니다.
커트 고객, 저단가 시술도 전환율 관리와 관계 형성에 따라
재방문 고객으로 전환할 수 있습니다.
다양한 고객을 만나야 나에게 맞는 고객층과 시술 스타일을

빠르게 파악할 수 있습니다.

"내가 피하려는 고객이, 지금의 나를 성장시키러 온 고객일 수 있습니다."

② 연차 디자이너 : '고객 질'에 집중하세요.

이제는 고객 수가 아니라, 고객의 충성도와 연결성이 중요합니다.

어느 정도 고객 풀이 형성되었다면

이제는 시술의 다양화, 스타일 변화, 관계의 지속성,

그리고 재방문 확률에 집중해야 할 때입니다.

'내가 잘하는 시그니처 시술'을 중심으로

특정 고객층을 타깃팅하는 전략이 더 효과적입니다.

"단순 방문 고객을 브랜드의 팬으로 만드는 전략이 필요합니다."

성장 로드맵 요약

단계	전략 핵심	관리 포인트
초기	고객 수 확보	피하지 말고 다 받는다.
중기	고객 관계 형성	재방문, 후기, 제안에 집중한다.
성숙기	시그니처화 & 객단가 상승	고정 고객 중심 포지셔닝을 한다.

하이퍼포머 헤어 디자이너로 살아남는 법

초기에는 '얼마나 많은 고객을 만나느냐'가 중요하고,

시간이 흐를수록 '누구와 함께 성장하느냐'가 더 중요해집니다.

고객 수를 줄이는 것이 목적이 아니라,

더 깊이 연결되는 고객을 남기는 것이 하이퍼포머의 고객 관리 전략입니다.

지름길은 반드시 존재한다

정말 잘하는 사람은 멀리 있지 않습니다.

미용 인생에서 '지름길'은 존재하며,

핵심은 '누가 알려주느냐'가 아니라, '어떻게 찾느냐'입니다.

하이퍼포머 디자이너들은 이렇게 말합니다.

"저는 주변과 고객 안에서 답을 찾았습니다."

지름길을 여는 가장 빠른 도구 : 관찰력

관찰은 호기심과 관심에서 비롯됩니다.

관찰은 타고난 재능이 아니라, 훈련입니다.

관찰의 과정을 습관화해야만 성장의 지름길을 발견할 수 있습니다.

문제 해결을 위한 관찰 기반 템플릿

항목	내용
해결하고자 하는 문제는?	고객이 재방문하지 않는다.
개선하고 싶은 점은?	시술 만족도 향상 및 재방문율 증가
관찰 대상은?	월 천 디자이너, 재방문 많은 디자이너
관찰 포인트	응대 멘트, 제안 타이밍, 마무리 방식
통찰과 이해	고객은 시술보다 전체 경험에 감동한다.
개선 실행	사전 복습, 거울 피드백, 시술 후 감사 문자 발송

관찰 대상 예시

관찰 대상	포인트	얻을 수 있는 인사이트
잘되는 디자이너	복장, 말투, 루틴	고객 신뢰를 빠르게 얻는 법
고객	상담 중 반응, 언어	고객이 관심 두는 포인트
예약 많은 인스타 디자이너	피드, 해시태그, 구도	반응을 이끄는 콘텐츠 방식

→ 지름길은 남들이 걸어온 길이지만, 내가 관찰하고 재해석할 때만 내 것이 된다.

매출은 들리는 목소리에서 시작된다.

하이퍼포머 디자이너들의 공통점은 '고객과의 활발한 소통'입니다. 그들은 대형 매장에서도 유독 잘 들리는 목소리를 가졌으며, 고객의 중심 동선에서 존재감을 드러냅니다. 이건 단순한 말소리의 크기가 아니라, 교감·몰입·기억에 남는 소통의 기술입니다.

"고객과의 대화는 하이퍼포머의 배경음이며, 그 목소리는 매출의 소리입니다."

실전 질문 예시

- 고객이 가장 오래 머무는 시간은 언제인가요?
- 그 시간 동안 어떤 대화와 행동이 재방문율을 높일 수 있을까요?
→ 이런 질문을 던지는 순간,
  당신은 이미 하이퍼포머 프레임을 작동시키는 중입니다.

관찰은 습관이자 지름길이다.

지름길은 '언젠가'가 아니라, 매일 '보는 눈을 훈련한 사람'에게 열리는 문입니다. 많은 디자이너가 '성공한 방식은 그 사람만의 것'이라고 생각합니다. 그러나 하이퍼포머는 '보려고' 하고, '해석하려' 합니다. 그 순간, 그들은 배우고 나만의 지름길을 찾아냅니다.

지름길은 관점의 변화에서 시작된다.

관찰은 단순한 주시가 아니라, 관점의 전환입니다.
그 시선이 바뀌면 고객도, 콘텐츠도, 선배의 움직임도
모두 당신에게 배움의 재료가 됩니다.

모방은 창조를 향한 정당한 연습이다.

'나만의 스타일을 만들고 싶다.'라는 마음도 좋지만,
진짜 하이퍼포머는 모방에서 시작합니다.
창조는 흉내를 거쳐 재해석되는 과정에서 완성됩니다.
처음엔 비슷하게 따라 하지만, 그 안에서 내 방식이 만들어지는 것입니다.

"멘토가 없다면, 콘텐츠를 관찰하고 흡수하세요."
그게 당신의 지름길이 됩니다.

8

지겨워도 다시 들어야 할 이야기

"지각하지 마세요."

"놀러 온 거니, 일하러 온 거니, 복장 상태가 왜 이래요?"

"인사는 크게 해야지요."

"헤어스타일이나 메이크업 상태가 그게 뭡니까?"

이런 소리를 듣는다는 것, 그리고 그것이 반복된다는 것은 기본이 아직 자리
잡지 않았다는 증거입니다. 살롱 안에서 계속해서 들려오는 잔소리의 대부분은
결국 가장 기본적인 것들에 관한 이야기입니다. 이건 잔소리가 아니라, '핵심'입
니다. 기본은 지겹다고 외면할 게 아니라, 반복을 통해 무기로 만들어야 할 대상
입니다. 하이퍼포머는 중요함을 아는 사람이고, 귀찮다고 놓치지 않습니다.

• 시간 관리

- 자기 관리
- 고객 응대
- 기술 훈련
- 제안 멘트

모두 반복 속에서 실력이 자라납니다.

잔소리는 '관심'에서 시작된다.

누군가 자꾸 조언하고 피드백을 준다면, 그건 당신에게 '기대'가 있다는 뜻입니다. 관심 없는 사람에게는 아무 말도 하지 않습니다.

"SNS 콘텐츠 좀 올려봐."

"응대 멘트 다시 연습해 봐."

"그건 고객 탓이 아니야."

이 말들이 익숙하다면, 당신은 지금 성장 중입니다.

미용은 끝없는 공부다.

헤어 디자이너의 성장은 다음과 같은 영역에서 계속 이어집니다.

- 기술 (신제품, 트렌드 변화)
- 상담 (고객 응대, 컨설팅 역량)
- 커뮤니케이션 (고객층과의 소통 능력)
- 마케팅 (세일즈 능력, 플랫폼 활용)

• SNS (콘텐츠 기획, 피드 구성)

• 기록과 피드백 (데이터 기반 성장)

이 모든 건 한 번 배웠다고 끝나지 않으며,

지겨워도 계속해서 들어야 할 이야기입니다.

다시 들어야 할 기본 리스트

• 시술 후 고객 후기 요청

• 고객 히스토리 메모 기록

• 예약 고객 사전 체크

• 시그니처 메뉴 연습

• 트렌드 업데이트

• SNS 콘텐츠 업로드

• 제안 멘트 훈련

• 고객과 눈 맞추며 대화

• 시술 중 컨디션 체크

• 마지막 인사까지 책임지기

기본은 반복 속에서 나만의 무기가 됩니다.

설득보다 중요한 것은 '이해'다.

누군가의 조언을 억지로 받아들이는 것은 단순한 수용에 불과합니다. 그 순

하이퍼포머 헤어 디자이너로 살아남는 법

간에는 고개를 끄덕일 수 있지만, 마음 깊은 곳에서 움직임은 일어나지 않습니다. 하지만 그 말의 의미를 제대로 이해하는 순간, 행동은 달라집니다. 왜 그것이 중요한지, 나에게 어떤 도움이 되는지를 스스로 깨닫게 될 때, 비로소 진짜 변화가 시작됩니다. 하이퍼포머는 단순히 설득당하지 않습니다. 그들은 반복된 피드백 속에서 의미를 발견하고, 그 과정을 통해 '나에게 필요한 이유'를 이해합니다. 결국, 성장은 강요된 설득이 아니라, 스스로 이해에서 출발한다는 사실을 기억해야 합니다. 우리가 조언을 받아들이기 어려운 이유는 '자존심'이 먼저 반응하기 때문입니다. 부족함을 직면하면 자신감이 흔들릴까 회피합니다. 그러나 변화는 인정하는 순간부터 시작됩니다.

성장으로 이끄는 질문들

"왜 나는 SNS를 게을리할까?"

"왜 고객은 나를 다시 찾지 않을까?"

"왜 제안할 때 목소리가 작아질까?"

"왜 나보다 실력 없어 보이는 동료가 더 잘될까?"

이 질문에 피하지 않고 답하려는 자세가 당신을 하이퍼포머로 성장시켜 줍니다.

하이퍼포머는 잔소리에서 자란다.

하이퍼포머는 듣기 싫은 소리를 피하지 않습니다. 불편한 피드백조차 자기 것으로 만들며, 설득이 아닌, 이해를 통해 성장합니다. 결국, 변화를 만드는 힘은 인정에서 비롯됩니다. 자존심은 나를 지켜주지 못하지만, 이해하고 인정하는 순간, 비로소 나를 바꾸고 성장시킵니다.

제3장

스토리가 있는 헤어 디자이너가
성공한다

1

당신의 스토리는 고객의 선택 기준이 된다

고객은 단순히 '머리를 어디서 자를까?'가 아니라, '누구에게 맡길까?'를 기준으로 미용실을 선택합니다. 기술, 가격, 위치보다 더 강력한 선택 기준은 바로 디자이너의 스토리입니다.

고객은 기술보다 '사람'을 본다.

고객은 예약 전, 디자이너의 인스타그램, 블로그, 유튜브, 리뷰, 댓글 등을 검색합니다. 이때 단지 시술 사진만 보는 것이 아니라, 당신이 어떤 사람인지를 종합적으로 판단합니다.

- 어떤 헤어스타일인지
- 어떤 옷을 입는지

하이퍼포머 헤어 디자이너로 살아남는 법

- 어떤 운동을 즐기는지

- 일과 후 어떤 취미를 즐기는지

- 어떤 책을 읽는지

- 어떤 공간을 좋아하는지

- 어떤 스타일을 추구하는지

- 어떤 시술을 전문으로 하는지

- 어떤 삶을 사는지

- 어떤 감성과 태도를 가졌는지

고객은 당신을 검색하고 관찰한 후에 예약한다.

- 스마트플레이스 프로필 이미지를 본다.

- 예약 상태를 체크한다.

- 리뷰에 나오는 고객 반응을 읽어본다.

- 인스타그램에 어떤 시술 포트폴리오를 올리는지 확인한다.

- 블로그에서 시술 과정과 후기를 자세히 확인한다.

- 유튜브 영상에서 말투와 에너지를 본다.

이 모든 것이 고객에게는 당신을 신뢰하고 선택하게 만드는 요소가 됩니다. 스토리가 없는 디자이너와 스토리가 있는 디자이너를 가르는 중요한 기준이 됩니다.

스토리는 감정의 연결고리다.

고객은 다음과 같은 이야기에 끌립니다.

"곱슬머리 콤플렉스를 해결하고 싶어서, 매직을 어떻게 하면 편하고 오래 유지할까를 집요하게 파고들었어요."

"출근 전 10분 안에 손질할 수 있는 스타일을 연구했어요."

"이 고객님은 저의 첫 손님이라 더욱 기억에 남아요."

이러한 스토리는 단순한 설명이 아니라, 공감과 신뢰를 주는 감정의 이야기입니다.

스토리텔링 3단계 구성

단계	설명	고객에게 주는 가치
메뉴의 스토리	메뉴 개발 이유와 과정	기술 차별화
나의 스토리	성장기, 신념, 경험	신뢰, 진정성
고객의 스토리	고객 변화 사례, 맞춤 스타일	공감, 감동

→ 이 헤어는 단지 스타일이 아니라, 고객님의 하루를 바꾸는 힘이다.

스토리 구성 템플릿

① 내가 이 시술을 하게 된 이유는?

② 고객에게 이 시술이 왜 필요했는가?

③ 고객은 어떤 경험을 하고 돌아갔는가?

④ 나는 이 과정에서 무엇을 배웠는가?

이 4가지 질문은 당신만의 스토리를 구성하는 기본 뼈대가 됩니다.

당신의 라이프스타일도 스토리다.

고객은 디자이너의 취미, 감성, 자기 관리, 스타일에서도 호감을 느낍니다.

"러닝을 즐기는 건강한 이미지"

"매일 새벽 PT로 하루를 시작하는 성실함"

"감성적인 음악과 커피에 대한 취향"

"트렌디한 스타일 제안과 기술 업데이트"

이러한 요소들이 당신을 '신뢰할 수 있는 사람', '나와 잘 맞는 사람'으로 인식하게 만듭니다.

기술은 따라 할 수 있지만, 스토리는 복제할 수 없다.

고객은 가격이 아닌, 스토리에 감동하고 연결됩니다. 결국, 고객은 당신이라는 사람을 선택합니다. 기술은 누구나 따라 할 수 있지만, 스토리는 오직 당신만이 가질 수 있는 차별화입니다.

2

플랫폼과 데이터는 고객 관리의 무기다

하이퍼포머 디자이너는 고객을 기다리지 않습니다. 고객이 먼저 나를 찾게 만들고, 다녀간 고객이 다시 돌아오게 만드는 전략이 있습니다. 그 핵심 무기는 바로 플랫폼과 데이터입니다.

네이버 예약과 스마트플레이스, 나의 24시간 매니저

이제 고객은 검색을 통해 디자이너를 찾습니다.
"OO동 여자 단발 잘하는 미용실"
"OO역 고데기펌 추천"
이렇게 검색하고, 스마트플레이스를 통해 예약합니다.

- 예약, 위치, 가격, 메뉴, 리뷰까지 한 번에 확인
- 상세한 시술 메뉴 설명과 실제 고객 후기가 신뢰도 형성
- 전화 없이 예약, 문의, 변경 가능
- 네이버 톡톡으로 실시간 문의 응대 가능

스마트플레이스는 내 브랜드의 첫인상입니다.
정보가 오래되거나 비어 있으면 고객의 선택에서 바로 제외됩니다.
항상 최신 정보로 관리하고, 신뢰를 주는 콘텐츠를 유지해야 합니다.

이렇게 하면 고객은 굳이 내가 찾아가지 않아도 먼저 나를 찾아옵니다.
그 순간부터 플랫폼이 나를 대신해 24시간 고객을 맞이해 줍니다.
이를 꾸준히 관리하는 것이 곧 고객 재방문율을 높이는 길입니다.

CRM은 나만의 고객 데이터베이스

CRM(Customer Relationship Management) 프로그램은
고객의 모든 히스토리를 기억하고 활용할 수 있는 도구다.

항목	활용 내용
방문일	방문 주기 파악, 리마인드 메시지
객단가	소비 패턴 분석, 업셀링 전략

선호 메뉴	시그니처 시술 연결, 주기적 프로모션
사용 제품	구매 제품, 홈케어 관리
회원권, 정액권	남은 횟수, 충전 금액, 차액 등
고객 메모	대화 내용, 민감 포인트, 만족도 등 기록, 고객 4C 분석 활용

"CRM은 단순한 기록이 아니라, 다음 매출의 씨앗이다.
어떻게 활용하느냐에 따라 모든 것이 달라진다."

CRM 메모, 어떻게 활용할 것인가?

많은 미용실에서 고객 관리를 위해 CRM 프로그램을 사용합니다. 정보 기록을 위한 메모 기능을 제공하지만, 대부분 사용하지 않습니다. 중요한 건 '기록의 기준'입니다. 무작정 메모만 쌓으면 관리도 응대도 어려워지고, 결국 대부분은 사용하지 않게 됩니다.

→ 메모 기준이 필요한 이유

• 한 명의 고객이라도 다양한 시술, 요청, 이력을 갖고 있음
• 고객을 기억하는 것은 단골 유치의 핵심
• 정리되지 않은 기록은 활용할 수 없음

하이퍼포머 헤어 디자이너로 살아남는 법

→ 해결 방법 : 4C 분석 방법

현장에서 고객과 나눈 정보를 어떻게 하면 간단하고 단순하며 꾸준히 기록할 수 있을까 고민했습니다. 그동안은 상담빌지나 메모 카드에 적은 내용을 고객 관리 파일에 옮겨 보관했지만, 이를 4가지 기준에 따라 CRM에 입력하는 방식으로 바꾸었습니다. 그 결과, 단골 고객을 이전보다 훨씬 체계적이고 효율적으로 관리할 수 있었습니다.

이렇게 하면 CRM 메모가 단순 기록이 아니라,
고객 재방문과 충성도를 높이는 도구가 됩니다.

CRM 4C 분석 기준

고객 한 명, 한 명을 놓치지 않기 위한 4가지 체크포인트

구분	체크 내용
① 방문 동기	나를 알게 된 경위, 유입 채널, 소개 경로 등
② 상담 내용	원하는 스타일, 이미지, 고민 사항
③ 시술 레시피	모발 상태, 시술 진행과 설명, 사용한 제품 레시피
④ 다음 방문 제안	대화 내용, 다음 방문 제안 포인트 및 타이밍

→ 이 기록은 다음 방문에 강력한 무기가 된다.

"지난번에 말씀하셨던 스타일 고민, 오늘 한 번 시도해 보시는 것은 어떠세요?" 이 한마디에 고객은 '기억해 주는 디자이너'로 느낀다.

〈그림3〉 CRM 4C 분석 예시

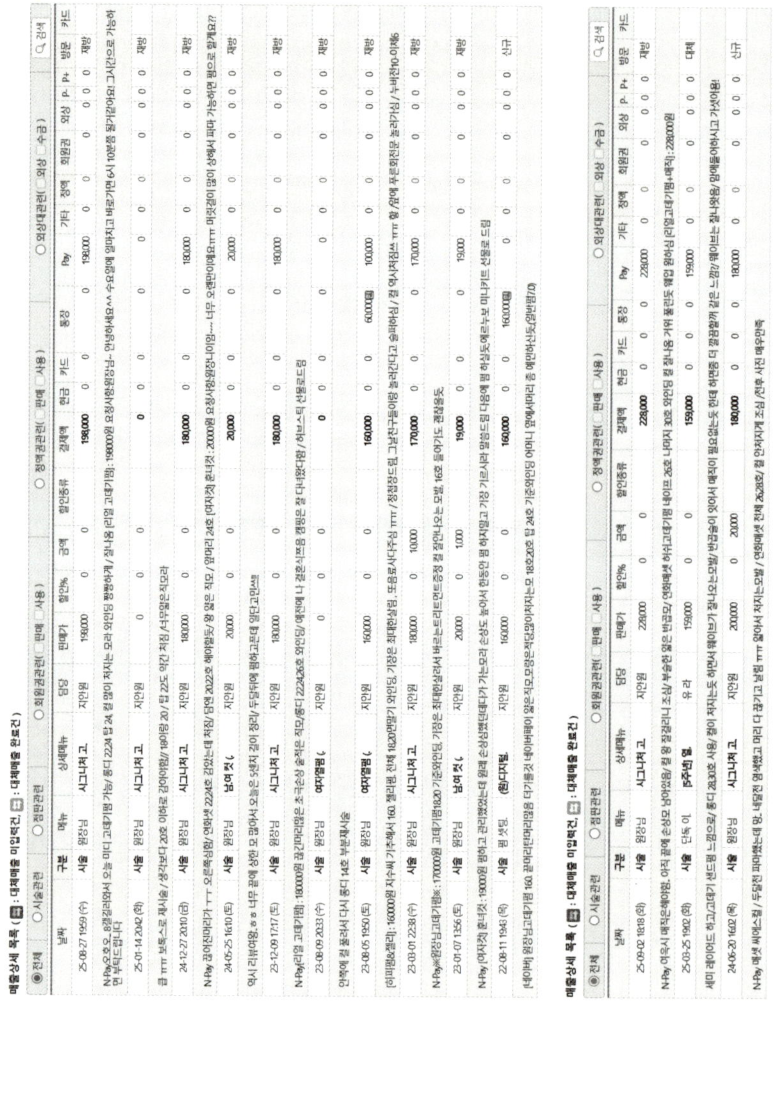

하이퍼포머 헤어 디자이너로 살아남는 법

매출의 80%는 20%의 고객에게서 나온다.

이것이 바로 파레토 법칙입니다. 하이퍼포머 디자이너는 이 사실을 결코 가볍게 넘기지 않습니다. 진짜 성과는 모든 고객이 아니라, 핵심 고객군에 집중할 때 극대화됩니다.

하이퍼포머의 차이점

일반 디자이너는 '방문한 고객'을 관리하지만,
하이퍼포머는 '반복해서 오는 고객'을 설계합니다.

- 단골의 방문 주기를 파악하고
- 고객의 스타일 변화 시기를 제안하며
- 시술 후 관리 피드백을 주고
- 생일·기념일 등 고객의 중요한 순간을 기억합니다.

CRM 활용 전략 - 팬 고객으로 전환

고객관계관리(CRM)로 우량고객을 등급별로 관리하면,
단순한 소비자가 아닌, 브랜드 팬으로 전환됩니다.

⟨활용 예시⟩

- VIP 고객에게 계절별 맞춤 쿠폰 제공
- 리마인드 문자로 다음 예약 유도
- 시술 이력 기반의 신메뉴 추천
- 반복 시술 메뉴에 맞춘 홈케어 서비스 제안
- 고객만을 위한 스타일 제안서 제공

CRM이 주는 파레토 법칙 메시지

"많은 고객을 관리하려 하지 말고, 좋은 고객을 설계하고 키워라."

우량고객을 알아보고, 그들과 더 자주, 더 오래 연결되어야 합니다.
하이퍼포머는 팬을 만들고, 팬은 성과를 만듭니다.

롱테일 법칙 - 80% 고객은 매출의 씨앗

롱테일 법칙(Long Tail Theory)은 소수의 인기 상품보다 다수의 비주류 상품이 더 큰 시장을 만든다는 개념입니다. 하이퍼포머 관점에서 해석하면, '매출의 80%는 20%의 단골에게서 나오지만, 그 20%가 탄생하려면 나를 알고 지켜보는 80%의 고객이 있어야 합니다.'

하이퍼포머 헤어 디자이너로 살아남는 법

파레토 vs 롱테일, 두 전략은 상호 보완적이다.

개념	파레토 법칙	롱테일 법칙
핵심 대상	상위 20% 단골 고객	하위 80% 일반 고객
전략 목적	성과 집중, 매출 극대화	저변 확대, 미래 잠재 고객 확보
관점	지금 당장 수익을 내는 고객	앞으로 수익을 만들어줄 가능성 있는 고객
접근 방식	프리미엄 관리, 전담 케어	콘텐츠 제공, 꾸준한 노출, 신뢰 형성

롱테일 고객이 중요한 이유

① 관심은 씨앗이다.

• 예약은 하지 않지만, 당신을 꾸준히 지켜보는 팔로워가 있습니다.
• 콘텐츠를 지속적으로 보는 사람은 언젠가 움직입니다.

② 소비는 지연될 수 있다.

• 당장은 이용하지 않더라도, 환경이 변하면 가장 먼저 떠올립니다.
• 이사, 결혼, 취업 등 삶의 변화가 있을 때 선택이 이뤄집니다.

③ 소개는 관계에서 온다.

• 본인은 오지 않더라도 지인을 소개할 수 있습니다.

• SNS와 입소문은 브랜드 노출의 중요한 기반이 됩니다.

④ 경험은 전환의 시작이다.

• 체험권, 할인권, 이벤트 등으로 유입의 접점을 만들고, 고객이 경험하도록 유도해야 합니다. 그 경험이 충성고객으로의 전환을 여는 출발점이 됩니다.

하이퍼포머의 롱테일 고객 관점

① 지켜보는 사람도 고객이다.

• 예약 고객만이 아니라, 콘텐츠를 보는 사람, 댓글을 남기는 사람, 블로그를 스크롤하는 사람 모두 '관심 고객', 즉 잠재 고객입니다.

② 지금 안 오는 고객이 나중에 VIP가 된다.

• 모든 VIP 고객도 처음엔 1회 방문자였습니다.

③ 작은 호감이 큰 팬을 만든다.

• 일상의 공감 콘텐츠, 짧은 팁 영상 하나가 신뢰를 쌓습니다.

실전 전략 - 롱테일 고객 관리법

하이퍼포머 헤어 디자이너로 살아남는 법

① 콘텐츠 지속 발행

스타일링 팁, Before & After, 라이프 스타일 공유

② 무료 정보 제공

"손질 안 되는 날 이렇게 해보세요." 같은 유용한 콘텐츠 제공

③ 이벤트 접근성 낮추기

신규 체험권, 소액 쿠폰 등 진입장벽을 낮춘 이벤트 진행

④ 관심 고객 분류 & 추적

SNS 댓글, 좋아요, 반응으로 잠재 고객을 구분하고 DM으로 소통 시도

파레토 고객 vs 롱테일 고객

• 파레토 고객 → 내 성과의 토대가 된다.
• 롱테일 고객 → 내 성장의 씨앗이 된다.

눈앞의 고객만 보면 성장 속도는 느려집니다. 당장 예약하지 않더라도 나를 알고, 좋아하고, 관심을 가지는 80%의 고객은 미래 매출의 씨앗입니다. 하이퍼포머는 단골을 관리하고, 동시에 롱테일 고객을 키웁니다. 이 두 축이 균형을 이룰 때, 브랜드는 탄탄해집니다.

헤어 디자이너는 손만 쓰는 사람이 아니라, 데이터를 쓰는 사람입니다. 지금은 디지털 플랫폼이 강력한 무기인 시대입니다. 고객은 검색을 통해 찾아오고, 데이터로 인해 다시 돌아옵니다. 플랫폼이 고객과 나를 연결하고, 데이터가 그 관계를 이어갑니다.

SNS는 기본! 고객 경험 콘텐츠로 운영하라

SNS는 당신의 기술보다 먼저 고객과 만나는 창구이며,
SNS는 나를 알리는 디지털 명함입니다.

SNS는 디자이너의 퍼스널 브랜딩 핵심 도구다.

미용실 입간판보다 강력한 건, 디자이너의 SNS입니다.
고객들은 이제 블로그, 인스타그램, 유튜브, 틱톡을 통해
디자이너의 기술력, 스타일 감각, 분위기를 사전 검색합니다.

SNS 콘텐츠, 무엇을 올려야 할까?
고객이 궁금해하는 건, 결과물만이 아닙니다.

경험 과정과 디자이너의 감성이 연결되어야 합니다.

콘텐츠 예시	내용
Before & After	시술 전, 후 비교 컷 (신뢰 + 시각적 효과)
고객 리뷰	고객 인증 후기, DM 캡처, 리뷰 캡처
시술 과정	시술 장면 짧게 스냅 or 숏폼 제작
스타일 노하우	셀프 관리 꿀팁 등 짧은 조언 콘텐츠
퍼스널 콘텐츠	일상, 운동, 취미, 독서, 교육 (라이프스타일 공유)
메뉴 집중	나의 시그니처 메뉴 중심 콘텐츠 (ex. 고데기펌 연작)

'단순히 머리를 자르는 사람'이 아니라,

'스타일을 제안하는 사람'이라는 이미지를 심어줘야 합니다.

여기까지는 일반적으로 할 수 있는 것들입니다.

기본을 넘어서, 더 좋은 콘텐츠를 위해 한 단계 더 깊이 고민해 보자면,

[1] 콘텐츠의 전략적 기획

단순한 '시술 결과' 공유에서 벗어나

누구를 위한 콘텐츠인지, 어떤 메시지를 담을 것인지 명확히 설계합니다.

예 : '히피펌을 시도하고 싶지만, 부담스러워하는 고객이 이 스타일로 어떻게
자연스럽게 변화했는가?' → 문제 해결형 콘텐츠로 전환

하이퍼포머 헤어 디자이너로 살아남는 법

(2) 고객 중심의 스토리텔링

고객의 고민 → 상담 → 시술 → 변화 → 후기까지의

고객 여정 전체를 하나의 콘텐츠 시리즈로 구성합니다.

고객이 주인공이 되는 콘텐츠는 자연스럽게 팬을 만들고 공유를 유도합니다.

(3) 반복성과 일관성을 갖춘 브랜딩

하나의 스타일, 메시지, 시그니처 키워드를 반복합니다.

→ "히피펌은 이 디자이너에게!"라고 자연스럽게 연상되도록 유도해야 합니다.

예 : #히피펌장인 #꾸안꾸펌스타일 #하루가달라지는스타일 #출근길이빨라지는스타일

(4) 기술-철학-일상 콘텐츠의 조화

기술력만 강조하면 지루해지고, 감성만 강조하면 신뢰가 약해집니다. 기술 콘텐츠 + 철학 콘텐츠 + 일상 콘텐츠를 균형 있게 운영해야 고객이 '사람 + 실력 + 감성'을 함께 신뢰하게 됩니다.

(5) 데이터 기반 피드백

어떤 게시물의 반응이 좋았는지, 저장률이 높은 콘텐츠는 무엇인지 분석합니다. '감으로 운영하는 SNS'에서 '성과를 만드는 SNS'로 전환해야 합니다.

→ 이 데이터를 다음 콘텐츠 기획에 적극 활용합니다.

기본기(SNS 활동) + 콘텐츠 전략 + 고객 중심 스토리 + 반복성 + 데이터 분석,

이 모든 것을 운영하는 사람이 하이퍼포머 디자이너입니다. 그들은 콘텐츠를 '올리는 사람'이 아니라, 브랜딩과 고객 경험을 설계하는 기획자이자 연출자입니다.

고객 경험, 콘텐츠 아이디어 – 히피펌 사례

① 고객 고민형 콘텐츠

제목 예시 : "펌 하면 너무 부해 보일까 걱정돼요."

　　　　　　"히피펌이 어울릴까요?"

내용 구성 : 전/후 비교

　　　　　　얼굴형에 맞는 컬 디자인

고객 고민 → 디자이너 솔루션 → 시술 결과

효과 : 공감 + 신뢰 + 문제 해결 능력 강조

② 시그니처 스타일 제안 콘텐츠

제목 예시 : "얼굴형에 따라 어울리는 히피펌을 추천합니다."

　　　　　　"꾸안꾸 스타일의 끝판왕, 내추럴 히피펌"

내용 구성 : 컬 굵기와 층의 조합

트렌드 스타일 vs 데일리 스타일

디자이너 추천 코멘트 삽입

효과 : 전문성 + 트렌드 리딩 포지셔닝

③ 기술적인 콘텐츠

제목 예시 : "히피펌, 컬 유지력을 높이려면?"

"열펌과 수분 밸런스의 관계"

내용 구성 : 제품 사용 팁

시술 순서, 주의 사항

고객 관리법 안내

효과 : 기술력 어필 + 교육 콘텐츠로도 활용 가능

④ 고객 리뷰 및 후기 콘텐츠

제목 예시 : "와, 미쳤다. 저 히피펌 하고 인생 사진 남겼어요!"

"단발 히피펌 하고, 번호 따였어요!"

내용 구성 : 실제 고객 후기

　　　　　　고객의 말, 반응 중심

　　　　　　시술 전후 영상 + 짧은 인터뷰

효과 : 신뢰성 어필 + 추천과 공유 유도

⑤ 일상 + 감성 콘텐츠와 연결

제목 예시 : "저도 여름휴가 떠나기 전에 히피펌으로 기분 전환했어요."

　　　　　　"히피펌, 물놀이에도 손질이 편해요."

내용 구성 : 스타일과 어울리는 무드 연출

　　　　　　본인의 라이프스타일 일부처럼 녹여냄

효과 : 감성 콘텐츠로 고객과의 공감대 형성

　　하나의 헤어스타일(히피펌)은 단순한 스타일이 아니라, '라이프스타일을 제안하는 콘텐츠'로 발전시켜야 합니다. 기술 + 스토리 + 감성 + 고객 후기를 엮으면, 그 자체가 당신만의 콘텐츠가 됩니다. 우리는 하나의 헤어스타일에서도 기술·정보형, 감성형, 후기·리뷰형, 일상 연결형, 시술 과정 브이로그형, 고객 상담형, 제품 소개형, 시그니처 강조형, 총정리형, 리마인드형 등 다양한 스토리를 만들어낼 수 있습니다.

고객은 라이프스타일 + 사람을 함께 선택한다.

고객은 헤어스타일 콘텐츠만 보는 것이 아니라 디자이너의 취향, 감성, 인격까지 함께 선택합니다. 예를 들어, SNS에 피트니스, 클라이밍, 러닝, 플로깅 등 건강한 습관을 보여주면, '이 디자이너는 자기관리도 철저한 사람 같아!'라는 신뢰가 생깁니다. 미용기술 세미나, 뷰티 트렌드 교육 참석을 공유하면 '계속 발전하려는 디자이너'라는 인식이 생깁니다. 이 모든 것들이 예약의 동기가 되고, '재방문'의 이유가 됩니다.

스토리 콘텐츠는 고객 경험을 반복하게 만든다.

"지난번에 올리셨던 그 스타일, 저도 해보고 싶었어요."
"SNS에서 고객 후기 보니까 신뢰가 생겼어요."
"자주 올라오는 그 메뉴, 한번 받아보고 싶어요."

이런 반응은 SNS의 반복 노출이 만들어낸 결과입니다.

SNS는 고객이 보는 첫 번째 체험 공간이다.

진짜 손으로 고객 머리를 만지기 전,
당신의 SNS가 먼저 고객의 머릿속에 들어갑니다.

SNS는 더 이상 선택이 아닌, 성장의 필수 도구입니다.

기술은 손으로, 신뢰는 콘텐츠로.

하이퍼포머 디자이너는 SNS로 고객과 연결된 사람입니다.

4

퍼스널 마케팅에 답이 있다

"고객은 스타일보다 사람에게 끌린다. 결국, 당신이 브랜드다."

퍼스널 마케팅이란, 단순히 '나를 알리는 것'이 아닙니다. 고객이 '이 디자이너에게 머리를 하고 싶다.'라고 느끼게 만드는 자기 브랜딩입니다. 미용실의 이름이 브랜드라면, 퍼스널 브랜딩은 곧 디자이너의 이름입니다.

회사원 vs 헤어 디자이너

일반 직장인에게 "어떤 일 하세요?"라고 물으면 대개 회사명을 답합니다.
예 : "네이버 다녀요.", "삼성 다녀요."

이처럼 회사는 곧 브랜드이고, 그 브랜드 안에 표준화된 시스템이 있다는 신뢰가 깔려 있습니다. 예전 미용업계도 이와 유사했습니다.

프랜차이즈 브랜드(예: OOO헤어)에 소속되어 있다면, 고객으로선 일정 수준의 기술력, 서비스 마인드를 가진 디자이너를 만날 수 있을 것이라는 예측 가능성과 안정감이 있었습니다. 하지만 최근 트렌드는 바뀌어 가고 있습니다. 브랜드가 디자이너를 알리는 시대에서, 디자이너가 브랜드가 되는 시대로 넘어왔습니다.

하이퍼포머의 퍼스널 마케팅 전략

전략	설명
시그니처 메뉴 만들기	내가 잘하는 메뉴를 중심으로 고객 인식 확보 (예: 고데기펌 장인, 발레아쥬 장인, 블론드 전문 디자이너 등)
콘텐츠 일관성	SNS, 예약 플랫폼까지 메시지를 통일 (스타일, 톤 앤드 매너, 언어 사용)
스토리 강조	내 미용 여정, 철학, 고객과의 경험 공유 → 감성적 연결
고객 참여 유도	고객과 함께 만든 스타일을 스토리/피드에 자연스럽게 노출 (ex: '오늘도 #고객스타일기록')
이름을 기억하게 하기	별명, 해시태그, 캐릭터 등을 적극 활용해 브랜드화 (예: #고데기펌장인지안쌤)

변화하는 패러다임

과거	현재
브랜드 중심	헤어 디자이너 중심
시스템 신뢰 기반	인물 신뢰 기반
"어디서 했어요?"	"누구한테 했어요?"

→ 브랜드가 알려지던 시대는 지나가고, 이제는 브랜드보다 디자이너가 더 유명해지는 시대이다.

퍼스널 마케팅은 나를 '선택하게' 만든다.

고객이 디자이너를 선택하는 기준은 가성비가 아닙니다.

가심비, 즉 느낌, 이미지, 연결감입니다.

"이 디자이너는 나랑 잘 맞을 것 같아."

"나도 저런 스타일 해보고 싶다."

"고객들하고 대화하는 걸 보니 분위기가 좋아 보여."

이런 감성적 반응은 기술이 아닌, 이미지에서 시작됩니다.

퍼스널 마케팅 3단계 실전 팁

① 기억에 남을 콘셉트 만들기

→ "나는 어떤 이미지의 디자이너로 기억되고 싶은가?"

② 매체(플랫폼)별 전략 세우기

→ 인스타그램은 감성, 블로그는 정보, 스마트플레이스는 실제 고객 경험을 담는다.

③ 고객 피드백 반영하기

→ 고객 후기에서 나오는 단어를 내 브랜딩 문구로 사용한다.

퍼스널 마케팅 체크리스트

☐ 나는 어떤 시그니처 메뉴로 기억되고 있는가?

☐ 고객이 나를 SNS에서 본다면 무엇을 느낄까?

☐ 예약 후 나에게 기대하는 이미지는 어떤가?

☐ 고객이 나를 다른 고객에게 소개할 때 어떤 표현을 할까?

상품은 매장에서 판매되지만, 디자이너는 콘텐츠로 선택된다

퍼스널 마케팅은 고객이 '이 디자이너를 만나고 싶다.'라고 느끼게 하는 가장 강력한 도구입니다. 기술은 비슷해도, 사람은 다릅니다. 그러므로 브랜드는 결국 당신 자신입니다.

5

고객의 스타가 되는 법

"우리는 헤어 디자이너의 스타가 아니라, 고객의 스타가 되어야 한다."

미용계에는 점점 더 많은 디자이너가 인플루언서로 성장하고 있습니다.
SNS를 기반으로 개인 브랜드를 알리고, 팔로워를 모으고,
미용사 대상 교육과 강의를 통해 업계 영향력을 확대하기도 합니다.

그들을 보며 많은 헤어 디자이너가 이렇게 말합니다.
"나도 저렇게 유명해지고 싶어요."
"나도 저렇게 되고 싶어요."
"스타일도 멋지고, 말도 잘하고, 나도 따라 해봐야겠어요."

여기서 놓치면 안 되는 것이 있습니다.

헤어 디자이너의 스타가 되기 이전에

고객들이 먼저 찾아주는 스타가 먼저였다는 것을 알아야 합니다.

하지만 이 과정에서 착각이 생깁니다.

"유명한 헤어 디자이너가 말하는 것이 곧 정답이다."

그 방식이 모두에게 정답은 아니라는 것입니다.

그들의 말이 마치 진리처럼 따라지지만,

미용에는 단 하나의 정답이란 없습니다.

기술, 운영, 마케팅은 수많은 방식이 존재하고,

그중 무엇을 선택할지는 결국 나를 찾아주는 '내 고객'을

기준으로 판단해야 합니다.

결국, 핵심은 이것입니다.

"당신이 고객의 문제를 해결할 수 있는 사람인가?"

당신의 기술력, 제안력 그리고 소통 능력이

고객 한 사람 한 사람에게 감동을 줄 수 있는가.

우리는 미용계의 스타가 아니라,

고객이 '찾아오는 스타'가 되어야 합니다.

하이퍼포머 헤어 디자이너로 살아남는 법

미용은 기술 + 감성 + 경영의 조합이다.

디자이너의 성공은 한 가지 공식으로만 설명할 수 없습니다.
왜냐하면 성장배경, 고객층, 지역, 상권, 시술 메뉴, 운영 방식까지
모든 것이 다르기 때문입니다.

성공한 디자이너는 자신만의 철학과 경험을 통해 길을 만들었고,
그 길이 당신의 길과 똑같을 수는 없습니다.
그러므로 단순한 '복제'가 아닌,
그 안의 원리와 통찰을 나만의 상황에 맞게 적용하는 것이 중요합니다.

SNS 팔로워 수는 진짜 고객 수와 다를 수 있다.

요즘 디자이너들은 인스타그램 팔로워 수에 민감합니다.
팔로워가 많을수록 영향력이 크고, 성공한 것처럼 보입니다.
물론 적은 숫자보다는 많은 숫자가 좋습니다.
하지만 팔로워 수가 곧 매출을 보장해 주지는 않습니다.

수만 명의 팔로워가 있어도, 예약은 비는 경우가 많고,
팔로워는 '관심'이지 '신뢰'가 아니며,
좋아요는 누를 수 있어도 머리를 맡기지는 않는 것이 현실입니다.

관심 → 신뢰 → 방문 → 재방문 → 팬 → 단골 고객,

이 단계를 이해하지 못하고 팔로워 수에만 집중한다면 마케팅은 공허해집니다.

팔로워 1만 명보다, 매달 찾아주는 진짜 고객 100명이 더 중요합니다.

신뢰를 중심으로 고객의 마음을 얻는 마케팅,

그것이 진짜 퍼스널 마케팅입니다.

고객 마음에 각인되는 디자이너의 5가지 전략

① 내 고객이 궁금해하는 것을 알고 콘텐츠로 공유하자.

- 시술, 스타일링, 제품, 일상, 감성 콘텐츠를 만들자.

② 고객의 스타일 고민을 해결하는 헤어 디자이너가 되자.

- 공감과 솔루션 중심의 상담을 하자.

③ SNS는 소통의 도구이지 과시의 도구가 아니다.

- 고객과의 진정한 연결점을 만들자.

④ 나의 기술과 마인드를 브랜드로 표현하자.

- 브랜드보다 개인이 빛나는 시대, 그 안에서도 일관된 철학이 중요하다.

⑤ 내 고객 한 명 한 명에게 최고의 경험을 선물하자.
- 당신의 서비스는 고객이 자발적으로 홍보하게 된다.

'고객의 스타'가 되기 위한 5가지 실천

항목	설명
고객 중심 스토리	내가 아닌 고객의 변화에 초점을 맞춘 콘텐츠 (Before→After, 후기 중심)
재방문을 부르는 시그니처 메뉴	'다음에도 꼭 이 디자이너에게 받고 싶다.'라는 확신
공감 기반의 커뮤니케이션	전문 용어보다 고객 언어로 말하기, 경청 중심 상담
꾸준한 관계 유지	DM, 톡톡, 기념일 메시지 등 작은 연결로 관계 지속
고객의 질문에 대한 내 콘텐츠화	고객이 자주 묻는 말을 SNS나 블로그로 미리 답변하기

• 유명해지는 것이 목표가 아니다.

  '유명한 디자이너'는 많지만,

  '고객의 마음에 남는 디자이너'는 적습니다.

• 수백만 뷰의 릴스보다,

  단골 고객의 "또 올게요." 한마디가

  더 오래 당신을 성장시킵니다.

팔로워 수는 많지만, 예약이 비는 디자이너보다,

조용히 고객의 일상에 스며든 디자이너가

더 안정적인 매출을 만들어냅니다.

결국, 당신의 길은 고객이 결정한다.

헤어 디자이너는 고객이 있어야 존재합니다.

당신이 아무리 멋진 커트를 해도, 고객이 만족하지 않으면 무의미합니다.

"미용의 본질은 고객과의 만남에서 완성된다."

우리는 헤어 디자이너의 스타가 되기보다,

한 명의 고객이 '나를 찾게 만드는 스타'가 되어야 합니다.

　　　　　　　　　　　　　　　하이퍼포머 헤어 디자이너로 살아남는 법

6

나만 아는 마케팅

"마케팅은 특별한 것이 아니라, 실행의 차이다."

헤어 디자이너들의 마케팅 고민은 모두 비슷합니다.

"나만의 특별한 마케팅이 없어요."

"다들 하는 것으로는 부족한 것 같아요."

"뭔가 더 색다른 게 없을까요?"

하지만 결론은 이렇습니다.

마케팅은 이미 알고 있는 것 중에서,

'지속해서 꾸준히 실천하는 사람'이 성과를 만들어 냅니다.

사실 우리가 할 수 있는 대부분의 마케팅 전략은 이미 공개되어 있습니다.

- 네이버 스마트플레이스 최적화
- 네이버페이 결제 활성화
- 고객 리뷰 유도
- 예약 유입 경로 분석
- 인스타그램 콘텐츠
- 블로그 콘텐츠
- 체험단 운영
- 유튜브 콘텐츠
- 리피트 고객을 위한 메시지 관리 등

이 모든 건 이미 알고 있거나,

포털사이트 검색 몇 번이면 누구나 따라 할 수 있는 내용입니다.

차이를 만드는 것은 실행과 지속이다.

마케팅의 승부는 다음 네 가지에서 갈립니다.

① 시작하느냐, 안 하느냐.

'알지만 안 하는' 사람과 '작게라도 시작한' 사람

② 꾸준히 하느냐, 중간에 그만두느냐.

콘텐츠가 쌓이는 사람과 올리다 마는 사람

　　　　　　　　하이퍼포머 헤어 디자이너로 살아남는 법

③ 기록하느냐, 기억에 의존하느냐.

데이터와 분석이 쌓이는 사람과 감으로만 하는 사람

④ 기준이 있느냐, 감각에만 의존하느냐.

반복할 수 있는 시스템이 있는 사람과 매번 새로 고심하는 사람

하이퍼포머 전략 강의를 하면서 자주 소개하던 이민규 작가의 《실행이 답이다》에서는 "평범한 사람과 성공한 사람의 차이는 지식이 아니라 실천에 있고, 성공한 기업과 그렇지 못한 기업의 차이는 전략이 아니라 실행에 있다."라고 합니다. 현장에서는 정말 공감이 가는 말입니다.

성과 = 역량 × 실행력

아무리 재능, 지식, 아이디어, 기술, 등 역량이 뛰어나도
실행력 0이라면 성과는 제로라는 것입니다.

실행형 마케팅을 위한 자기 질문

질문	점검 포인트
나는 오늘 어떤 고객을 위해 콘텐츠를 만들었는가?	타깃 명확화
나는 고객 후기 콘텐츠를 몇 개 확보했는가?	신뢰 마케팅
나는 예약 플랫폼과 SNS의 연결고리를 점검했는가?	유입 최적화

나는 고객의 방문주기를 고려한 메시지를 발송했는가?	리텐션 관리
나는 내 콘텐츠를 고객이 '공유하고 싶게' 만들고 있는가?	바이럴 유도

마케팅은 결국 작은 실천의 반복

- 고객과 찍은 사진 한 장
- 고객이 남긴 감사 메시지 한 줄
- 오늘 사용한 제품을 설명한 짧은 영상
- 이번 주 인기 스타일을 모은 피드
- 고객이 반응한 질문을 바탕으로 만든 Q&A 콘텐츠

이런 평범한 것들이
당신만의 마케팅 자산이 되고,
고객이 당신을 선택하는 이유가 됩니다.

처음엔 조금, 나중엔 엄청난 격차

처음 시작할 땐 누구나 비슷한 선상에서 출발합니다.
SNS 팔로워 수도, 콘텐츠 수도, 고객과의 연결도 그리 크지 않습니다.
하지만
누군가는 계속합니다.

누군가는 멈춥니다.

그리고 시간이 흐르면,

그 차이는 아래와 같은 결과로 드러납니다.

지속한 디자이너	중단한 디자이너
고객이 먼저 예약한다.	고객이 기억하지 못한다.
콘텐츠가 신뢰를 만든다.	어쩌다 한 번의 노출만 있다.
브랜드가 되어간다.	가격만이 경쟁력이다.

꾸준함은 결국 '압도적인 차이'가 되어 돌아옵니다.

작은 격차를 방치하지 마세요. 시간이 흘러 '초격차'가 됩니다.

실행하는 사람이 결국 '나만의 마케팅'을 갖게 됩니다.

나만 아는 마케팅이란,

남들이 '하다 마는 것'을, 나는 '끝까지 해낸 것'입니다.

7

나만 아는 레시피

"모두가 같은 재료를 써도, 맛은 다르다."

헤어 디자이너는 모두 같은 기술을 배우고, 같은 출발선에서 시작합니다. 하지만 누군가는 고객이 끊이지 않고, 누군가는 늘 부족합니다. 차이는 '나만의 레시피'에 있습니다.

하이퍼포머는 '개인화된 전략'을 가진 사람이다.

하이퍼포머 디자이너는 고객 응대, 메뉴 제안, 스타일링 멘트, 상담 플로까지 자신만의 방식을 갖고 있습니다.

- 어떤 말투가 고객에게 잘 통하는지
- 어떤 제안 방식이 전환율이 높은지
- 어떤 조명, 어떤 음악이 분위기를 좋게 만드는지
- 어떤 상담이 예약 재방문율을 높이는지

이 모든 것은 시간, 시행착오, 그리고 관찰과 기록을 통해 완성됩니다.

그들은 기록한다.

하이퍼포머는 경험을 기억에만 의존하지 않습니다. 그들은 늘 상담과 시술에서 배운 점을 기록하고 정리하며, 자신만의 공식을 만들어갑니다. 이렇게 쌓인 '나만의 레시피'는 다음 고객 응대에서 바로 활용할 수 있는 강력한 무기가 됩니다. 결국, 차이를 만드는 건 특별한 기술이 아니라, 내 방식대로 최적화된 디테일입니다.

구성	내용
시술명	고데기펌
대상 고객	20대 중후반, 셀프 스타일링 능력 높음
핵심 멘트	볼륨 살리고 말리기만 해도, 고데기 느낌을 내고 싶으신 분들이 정말 좋아합니다.
제안 포인트	헤어 라인 + 사이드 볼륨 연출법
후기 관리	시술 당일 문자 발송 & DM으로 피드백 유도

→ 반복 속에서 자신만의 공식을 찾아라.

자신을 스스로 점검한다.

<체크리스트>

☐ 고객 상담 시 내가 자주 쓰는 멘트는 무엇인가?

☐ 고객이 긍정적으로 반응하는 말투와 키워드는?

☐ 실력보다 자신 있게 말할 수 있는 나만의 강점은?

☐ 고객 만족도가 높았던 경험에서 공통된 요소는?

이 질문을 반복하며 자기만의 '레시피'를 찾아가는 것,
그것이 하이퍼포머의 내공입니다.

"모든 디자이너는 자기만의 수업을 듣고 있다."
누군가는 "그 디자이너는 원래 잘하잖아."라고 말하지만,
사실 그는 끊임없이 자기 분석을 하고,
자신만의 방식을 만들어간 사람일 뿐입니다.

"공식은 따라 할 수 있어도, '나만의 레시피'는 따라 할 수 없다."

변수는 하이퍼포머를 단련시킨다.

- 고객이 늦게 왔다.
- 예약이 겹쳤다.
- 시술 결과가 예상과 다르다.
- 고객의 반응이 좋지 않다.

이런 예기치 못한 변수는 언제나 존재합니다.

하지만 하이퍼포머는 변수를 '문제'가 아닌 '기회'로 보고,

그 속에서 무엇을 배울지를 찾습니다.

하이퍼포머는 자기만의 수업을 듣고, 교재를 만든다.

원래부터 잘하는 사람은 없습니다.

변수에 더 많이 노출되고,

그만큼 더 많이 해결해 본 사람이 있을 뿐입니다.

실패도 해봤고,

거절도 당해봤으며,

혼자 울었던 날도 있고,

상황이 꼬였던 날도 있었습니다.

하지만 그 속에서 배우고, 자기만의 '교재'를 만들어갑니다.

이 교재는 그 누구도 흉내 낼 수 없습니다.

\<기록 예시\>

- 어떤 고객이 민감하게 반응했는지
- 어떤 멘트가 상황을 풀었는지
- 어떤 실수를 어떻게 수습했는지
- 어떤 실패가 어떤 교훈을 남겼는지

이 기록들이 쌓이면 곧 나만의 전략집이 됩니다.

변수 대응력 = 하이퍼포머의 핵심

예측할 수 있는 상황은 누구나 잘할 수 있습니다.

하지만 변수를 다룰 수 있어야 진짜 전문가입니다.

\<하이퍼포머의 성장 방식\>

- 변수를 두려워하지 않는다.
- 실패를 감정이 아니라 데이터로 본다.
- 분석을 통해 자신만의 답을 만든다.
- 그 답을 '레시피'로 남긴다.

하이퍼포머 헤어 디자이너로 살아남는 법

이 자리에서 10단계 도약하기

"언제, 어디서, 누구든지, 지금 있는 자리에서 성장의 레버를 당길 수 있다."

같은 공간, 같은 조건, 그런데 왜 누군가는 도약하고 누군가는 제자리일까?

지금 이 자리, 누구나 도약할 수 있다.

현장에서 헤어 디자이너와 상담하다 보면 이런 말을 자주 듣습니다.

"우리 매장은 고객 유입이 없어요."
"신규 고객이 없어요."
"위치가 안 좋아요."

"연차가 짧아요."

"환경이 별로예요."

"순번이 잘 안 돌아요."

"여기서는 안 되는 것 같아요."

이 말 속에는 사실 이렇게 말하고 싶은 마음이 숨어 있습니다.

"다른 데 가면 잘할 수 있을 것 같아요."

하지만 같은 공간, 같은 조건에서도 하이퍼포머는 성과를 만듭니다.
누군가는 자리에서 스마트폰만 보거나 직원실에서 쉬고 있는 동안,
하이퍼포머는 현재 자리를 '성장의 무대'로 만듭니다.

도약하지 못하는 디자이너의 4가지 패턴

① 고객이 없으면 그냥 앉아 스마트폰만 본다.

② 매장에 고객이 들어와도 무심하게 반응한다.

③ 고객이 없다는 이유로 직원실에 들어가 시간을 보낸다.

④ 모든 상황을 환경, 매장, 다른 사람 탓으로 돌린다.

"여긴 아니야!"라고 말하는 사이,
옆자리 하이퍼포머는 같은 조건에서 매출을 만들고 고객을 유치합니다.

하이퍼포머 헤어 디자이너로 살아남는 법

10단계 도약을 위한 3가지 원리

① 조건 탓 말고, 자원 찾기
- 예약이 없으면 마케팅 콘텐츠 준비 시간
- 고객이 없으면 기술, 제안 연습 시간
- 시술 결과물은 상담 스크립트와 콘텐츠 소재로 활용

② 변화를 만들기 위해 기록하기
- 하루 한 번, 고객 응대 리뷰
- 제안 여부, 반응, 개선 포인트 기록
- 실행보다 중요한 건 피드백, 피드백보다 중요한 건 기록

③ 누구보다 빠르게, 꾸준하게
- SNS 콘텐츠 1개 업로드
- 리뷰 1개 요청
- 고객 1명 안부 문자
- 포트폴리오 정리
- 교육 콘텐츠 시청 10분

작지만 지속적인 행동이 결국 10단계 도약의 발판이 됩니다.

도약을 위한 〈셀프 질문 체크리스트〉

질문	나의 답변
오늘, 내가 한 가지 실행한 일은 무엇인가?	
고객을 위해 새롭게 제안한 것은 무엇인가?	
이 자리에서 내가 할 수 있는 최선은 무엇인가?	
나의 기록은 쌓이고 있는가?	

"지금 자리에서 도약하지 못하는 사람은 다음 자리에서도 같은 이유로 머무릅니다. 자리를 바꾸는 것이 아니라, 태도를 바꾸는 것이 도약의 시작입니다."

하이퍼포머는 현재를 기회로 바꿀 줄 아는 디자이너입니다.

지금 바로, 당신의 10단계 도약을 시작하세요.

제4장

하이퍼조선는
숫자로 말한다

① 평가와 피드백이란

"기록하지 않은 성과는 존재하지 않는다."

하이퍼포머는 감으로 일하지 않습니다.
그들은 숫자와 데이터 속에서 해답을 찾고, 피드백에서 출발하며,
피드백 없는 반복은 성장이 아니라 퇴보임을 압니다.

헤어 디자이너는 하루에도 수많은 고객을 만나고, 시술하고, 상담합니다.
그러나 하루를 평가하지 않고, 피드백하지 않으며, 기록 없이 흘려보낸다면
다음 날도 같은 실수를 반복하며 제자리걸음을 하게 됩니다.

하이퍼포머는 성과 없는 반복을 가장 경계합니다. 고객 수, 예약률, 객단가, 클

리닉 전환율, 제안 성공률 등 모든 활동을 숫자와 기록으로 남기고, 그 데이터를 바탕으로 성과를 평가하며 개선 포인트를 찾습니다. 그리고 이 과정을 루틴으로 만듭니다.

하이퍼포머의 피드백 루틴

• 오늘 시술한 고객 수는 몇 명이었나?
• 제안한 메뉴는 무엇이었나? 성공률은?
• 고객의 반응이 가장 좋았던 말 한마디는 무엇이었나?
• 실패한 고객 응대는 무엇이었나? 원인은?
• 오늘 내가 가장 몰입했던 순간은 언제였나?

이 질문들은 단순한 복기가 아니라, 성장을 위한 자기 피드백 루틴의 핵심입니다. '무엇이 잘 되었는가?'보다 더 중요한 질문은 '무엇이 달라져야 하는가?'입니다.

하루 5분, 피드백 루틴 일지 (부록-워크시트 3)

항목	내용
오늘의 목표	고객 5명, 클리닉 전환 2건
실제 달성	고객 4명, 클리닉 전환 1건
부족했던 점	제안 타이밍이 늦었음

잘한 점	예약 고객 사전 파악 후 응대 성공
개선할 것	가격, 메뉴 결정 전, 제안 먼저 꺼내기

→ 피드백이 쌓이면, 전략이 보인다.

우리는 매달 비슷한 흐름 속에서 일하고 있지만, 하이퍼포머는 '어떻게 달라졌는가?'를 스스로 확인합니다. 바로 그 차이를 만드는 도구가 '전월 성과 리뷰'입니다.

전월 성과 리뷰 - 자기 성과 점검 피드백 (부록-워크시트 4)

아래는 매달 말, 혹은 다음 달 초 반드시 작성해야 할 '전월 성과 리뷰' 시트입니다.

전월 성과 리뷰 - 자기 성과 점검 피드백	
질문	지난달과 비교해 변화가 있었던 이유는 무엇인가요?
피드백	예) 예약 고객 수가 줄어든 이유는 사전 예약 요청 부족 때문
질문	지난달 가장 집중했던 것은 무엇인가요?
피드백	예) 고객 상담 스크립트 정비, SNS 포스팅 주 3회
질문	예상했던 결과 vs 실제 결과의 차이점은?
피드백	예) 목표는 클리닉 전환 10건, 실제 6건

　　　　　　　　　　　　　　하이퍼포머 헤어 디자이너로 살아남는 법

질문	실행 과정에서 예상치 못한 변수는 무엇이었나요?
피드백	예) 연휴 직후 고객 수 급감
질문	다음에 더 잘할 방법은 어떤 것들이 있나요?
피드백	예) 하이퍼포머 동료에게 객관적인 피드백 요청

리뷰는 왜 중요한가!

하이퍼포머는 문제의 원인을 감정이 아니라, 데이터로 봅니다.
그 결과, 자기 일에 대한 주도권을 갖게 됩니다.
무엇을 보완하고, 무엇을 유지할지 명확해집니다.

하이퍼포머의 기준 : 어제보다 나은 오늘

평가와 피드백이 반복되는 사람은 자연스럽게 성장합니다.
왜냐하면 본인의 일을 주체적으로 점검하고,
그 안에서 '성장의 증거'를 찾기 때문입니다.

성과가 없는 디자이너는 하루를 감정으로만 기억합니다.
"오늘 손님이 많았다, 적었다, 느낌이 좋았다, 스트레스였다."
반면, 하이퍼포머는 수치로 하루를 기록합니다.
"오늘 고객 6명, 제안 성공률 50%, 클리닉 2건 전환."

하이퍼포머의 피드백 철학

• 피드백은 남이 하는 것이 아니라, 스스로에게 먼저 합니다.

• 성과는 결과가 아니라, 과정에서 나옵니다.

• 끊임없는 '왜?'라는 질문이 성장을 만듭니다.

성과 없는 하루는 없습니다.

기록하지 않으면, 사라집니다.

기록하고 피드백하면, 전략이 됩니다.

작성은 어렵지 않습니다. 습관이 어렵습니다.

리뷰 시트를 꾸준히 작성하다 보면,

이제 매달 성장하는 디자이너가 되어 있을 것입니다.

'느낌'으로 일하는 디자이너가 아니라,

기록과 피드백으로 움직이는 전략가여야 합니다.

하이퍼포머 헤어 디자이너로 살아남는 법

② 월말이 되면 더 바빠지는 이유

"대부분의 디자이너는 월말에만 진심이다."

많은 디자이너는 월초에는 여유를 부리고, 월말이 되어서야 갑자기 속도를 올립니다. 이유는 단순합니다. 매출 목표는 항상 있지만, 실천을 미뤘기 때문입니다. '이따 하자'가 '이달 말에 몰아서 하자'가 되고, 결국 발등에 불이 떨어진 상황에서 허둥지둥 실행에 나서게 됩니다.

왜 월말에만 긴장하게 될까요?

- 초반에 시간 여유가 있다고 착각합니다.
→ 고객 제안, SNS, 마케팅 활동이 느슨해집니다.

제4장_ 하이퍼포머는 숫자로 말한다

175

- 매출 목표가 현실적인 위기감으로 다가오는 시점이 월말입니다.

→ 행동은 늦었고, 결과는 부족합니다.

- 헤어 디자이너의 수입은 '성과형'입니다.

→ 매출 인센티브가 걸려 있으니, 월말에 매출을 끌어올리기 위해 몰아치게 됩니다.

매출 목표 달성을 위한 해법

\<MBO 일일 역산 표 - MBO Daily Backward Plan>
하이퍼포머는 월말이 아니라, 월초부터 움직입니다.

그 출발점은 바로 "MBO 일일 역산 표 작성"입니다.

하루하루의 실적을 가시화하고, 목표 대비 달성률을 매일 확인하면,

월말에 다급하게 뛰지 않아도 됩니다.

MBO(Management By Objectives, 목표에 의한 관리)란, 목표를 설정하고,

그 달성 과정을 평가·관리하는 전략적 경영방식을 의미합니다.

작성에 필요한 내용은 아래와 같습니다.

- 월 영업 일수 : 이번 달에 휴무 등을 제외한 영업 일수
- 월 매출 목표 : 이번 달에 반드시 달성해야 할 매출 목표

- 일 매출 목표 : 월 목표를 영업 일수로 나눈 금액
- 월 고객 수 목표 : 이번 달에 반드시 달성해야 할 고객 수 목표
- 일 고객 수 목표 : 월 목표를 영업 일수로 나눈 고객 수
- 평일/주말의 고객 수, 매출 구분 작성 : 가중치 적용

MBO 일일 역산 표를 통해 다음 내용을 매일 체크할 수 있습니다.

• 목표에 의한 고객 수 관리

- 일일 목표 고객 수와 실제 고객 수의 차이
- 총 목표 고객 수에서 남은 수치

• 목표에 의한 매출 관리

- 일일 목표 매출 대비 실제 매출 차이
- 총 목표 매출에서 남은 수치

• 남은 일수에 따른 일일 할당량 점검 관리

- 고객 숫자
- 매출 숫자

MBO 일일 역산 표 (부록-워크시트 5)

(월) MBO Daily Backward Plan				이달 영업 일수	25	
총 목표 고객 수	150명			총 목표 매출	1,000만 원	
평균 일 고객 수	6명			평균 일 매출	40만 원	
평일/주말 고객 수	5명	7명		평일/주말 매출	30만 원	50만 원
날짜	① 일 고객 수	② (+/-) 고객 수	③ 총 남은 고객 수	날짜	④ 일 매출	⑤ (+/-) 매출	⑥ 총 남은 매출
1				1			
2				2			
3				3			
•				•			
30				30			
31				31			
미만				미만			
초과				초과			

〈작성법〉

① 당일 고객 수

② 평균(일) 목표 고객 수에서 차이 나는 (+/-)고객 수

③ 총 목표 고객 수에서 남은 고객 수

하이퍼포머 헤어 디자이너로 살아남는 법

④ 당일 매출

⑤ 평균(일) 매출에서 차이 나는 (+/-)매출

⑥ 총 목표에서 남은 매출

- 매월 1일 : 목표를 설정하고 표를 출력하여 눈에 보이는 곳에 둡니다.
- 매일 마감 : 당일 고객 수와 매출을 작성합니다.
- 수치가 밀리면 : 다음 날 보완할 전략을 세웁니다.
- 월간 루틴화 : 매달 첫날에 반복 실행하여 성과 루틴으로 정착시킵니다.
- 프리뷰 : 월말에 불안해지는 이유는 '미리 보지 않았기 때문'입니다.

하루하루의 수치를 가시화하고, 추적하며,
전략적으로 대응하는 하이퍼포머가 되시길 바랍니다.

하이퍼포머는 월초부터 '결과'를 설계한다.

결과는 우연이 아니라, 계획된 실행에서 나옵니다.
긴장감은 마감일이 아니라, 오늘 만들어야 합니다.
시작이 빠르면, 마감은 여유로워집니다.

〈그림4〉 MBO 일일 역산 표 작성 예시

(7 월) Daily MBO Backward Plan			이달 영업 일수		25일	
총 목표 고객 수	300명		총 목표 매출		12,000,000 원	
평균 일 고객 수	일평균 12명 (휴무6일 제외)		평균 일 매출		일평균 480,000 원	
평일/주말 고객 수			평일/주말 매출			
일	①일 고객 수	②(+/-)고객 수	③총 남은 고객 수	일	④일 매출	⑤(+/-)매출	⑥총 남은 매출
---	---	---	---	---	---	---	---
1	18명	⊕6명	282명	1	238,800	⊖241,200	11,761,200
2	12명	0명	270명	2	458,500	⊖21,500	11,302,700
3	휴무			3	휴무		
4	14명	⊕2명	256명	4	390,000	⊖90,000	10,912,700
5	15명	⊕3명	241명	5	531,400	⊕51,400	10,381,300
6	12명	0명	229명	6	230,000	⊖250,000	10,151,300
7	18명	⊕6명	211명	7	383,000	⊖97,000	9,768,300
8	휴무			8	휴무		
9	10명	⊖2명	201명	9	334,400	⊖145,600	9,433,900
10	11명	⊖1명	190명	10	276,000	⊖204,000	9,157,900
11	9명	⊖3명	181명	11	850,800	⊕370,800	8,307,100
12	13명	⊕1명	168명	12	309,200	⊖171,800	7,988,900
13	6명	⊖6명	162명	13	159,000	⊖321,000	7,839,900
14	18명	⊕6명	144명	14	220,000	⊖260,000	7,619,900
15	14명	⊕2명	130명	15	827,000	⊕347,000	6,792,900
16	8명	⊖4명	122명	16	411,500	⊖68,500	6,381,400
17	휴무			17	휴무		
18	15명	⊕3명	107명	18	446,000	⊖34,000	6,935,400
19	11명	⊖1명	96명	19	441,400	⊖38,600	5,494,660
20	휴무			20	휴무		
21	17명	⊕5명	79명	21	551,000	⊕71,000	4,943,000
22	휴무			22	휴무		
23	11명	⊖1명	68명	23	224,400	⊖255,600	4,718,600
24	9명	⊖3명	59명	24	609,000	⊕129,000	4,109,600
25	7명	⊖5명	52명	25	352,800	⊖127,200	3,756,800
26	9명	⊖3명	43명	26	355,000	⊖125,000	3,401,800
27	12명	0명	31명	27	216,400	⊖283,600	3,185,400
28	14명	⊕2명	17명	28	506,000	⊕26,000	2,679,400
29	12명	0명	5명	29	141,200	⊖338,800	2,538,200
30	9명	⊖3명	⊕4명	30	658,000	⊕178,000	1,880,200
31	휴무			31	휴무		
미만				미만			1,880,200
초과			⊕4명	초과			

총 304명

월 1,000의 고비 탈출

"어떻게 하면 저 디자이너처럼 월 천을 넘을 수 있을까?"

월 매출 1,000만 원.

미용인 사이에서 이 숫자는 하나의 기준선이자 '목표선'입니다.

이 고비를 넘긴 사람은 말합니다.

"월 천은 특별한 사람이 아니라, 집중하는 사람이 만들어내는 숫자입니다."

인식 전환 : 나도 할 수 있다는 믿음

많은 디자이너가 "저는 안 될 것 같아요."라고 말합니다.

하지만 가장 먼저 깨야 할 벽은 자기 한계에 대한 편견입니다.

월 1,000만 원의 성과는 능력보다 관리와 실행에서 비롯됩니다.
그리고 그 실행은 아주 작고 단순한 루틴에서 시작됩니다.

작은 변화를 매일 반복하는 것이, 결국 큰 성과로 이어집니다.
오늘부터 '나도 할 수 있다.'라는 믿음을 가지시길 바랍니다.

월 천만 원을 넘기 위한 공식

요소	예시	전략 포인트
고객 수	200명	이벤트 + 고객 경험 향상 + 기록 관리
객단가	50,000원	업셀링 + 크로스셀링 + 세트 메뉴 + 제안력

→ 200명(고객 수) × 5만 원 = 1,000만 원

→ 100명 × 10만 원(객단가) = 1,000만 원

결국 고객 수, 객단가 둘 중 하나만 올려도 고비는 넘는다.

월 천을 넘기 위한 3대 실천 - 전략 1

[1] 상위 메뉴 유도하기

• 펌 고객에게 → 뿌리 볼륨펌 제안

하이퍼포머 헤어 디자이너로 살아남는 법

- 염색 고객에게 → 클리닉 세트 제안

- 커트 고객에게 → 다운펌 및 헤드스파 제안

→ 단가 5천 원만 올려도, 200명이면 +100만 원 상승

(2) 고객당 재방문율 높이기

- 커트 고객 → 3주 후 재방문

- 펌 고객 → 추후 커트 시기 제안

- 염색 고객 → 뿌리 리터치 제안

→ 한 명의 고객을 두 번 응대하면, 두 명 응대한 것과 같다.

(3) 패턴을 읽고 관리하라.

구분	패턴 읽기	대처 전략
매월	10일 전 매출 저조	초반 프로모션 배치
주중	고객 수 저조	정기방문 고객 우선 배치
특정 요일	취소 많음	그날엔 단가 높은 고객 우선 예약

하이퍼포머는 숫자에 강합니다. 단순한 합산이 아니라, '이 구조를 어떻게 개선할 것인가'를 고민하고, 결국 성과는 '운 좋으면 넘는 것'이 아니라, '패턴을 만들면 넘는 것'임을 압니다.

월 천을 넘기 위한 시그니처 메뉴 - 전략 2

(1) 시그니처 메뉴 전략으로 객단가 끌어올리기

과거엔 펌, 염색, 커트, 탈색, 크리닉 등 시술메뉴 카테고리만 존재했다면, 지금은 디자이너마다 자신이 밀고 있는 헤어 스타일 시그니처 메뉴가 있습니다.

예 : 고데기펌 / 발레아쥬 / 히피펌 / 물결펌 / C컬펌 / 헤드스파

고객은 단순히 기술을 소비하는 것이 아니라, 경험을 소비합니다.
그리고 그 경험은 디자이너가 브랜드화한 메뉴에서 시작됩니다.

(2) 시그니처 메뉴의 선순환 구조

특정 메뉴를 반복하면, 실력이 올라가고 실패율은 내려가며, 그 결과 고객 만족도는 올라갑니다. 이렇게 쌓인 '검증된 메뉴 능력'은 다시 SNS 콘텐츠가 되고, 신규 고객 유입으로 이어집니다. 이 선순환 루프를 만든 디자이너는 고객 수가 많지 않더라도, 단 100명의 고객으로 월 천을 달성할 수 있습니다.

하이퍼포머 헤어 디자이너로 살아남는 법

(3) 시그니처 메뉴 성공 요인

조건	설명
반복 시술로 실력 고도화	실수 확률 ↓ , 만족도 ↑
SNS 콘텐츠화	해시태그, 전후 사진, 고객 리뷰
선명한 콘셉트	OO하면 누구, 그 스타일은 그 헤어 디자이너
예약을 이끄는 구조 설계	시술 전/후 관리, 소요 시간 안내, 희소성 표현

시그니처 메뉴는 '기술'이 아닌, '전략'입니다. 모든 메뉴를 다루려 하지 말고, 단 하나의 메뉴를 먼저 선택해 반복하고 기록해야 합니다.

피드백을 꾸준히 기록하고, 실패도 반드시 복기해야 합니다.
이 과정이 곧 당신만의 메뉴를 브랜드로 만드는 길입니다.

☐ 지금 나의 시그니처 메뉴는 무엇인가요?
☐ 그 메뉴를 중심으로 인스타그램에 업로드하고 있나요?
☐ 해당 메뉴를 경험한 고객의 리뷰를 수집했나요?

하이퍼포머는 고객을 기다리지 않습니다.
시그니처로 고객을 설계합니다.

한 달 '풀 근무' 챌린지 - 전략 3

(1) 일정 기간, 휴무 없이 한 달 내내 근무합니다.

(2) 이 과정에서 하루 고객 처리 수용 능력을 직접 체감할 수 있습니다.

(3) 반복되는 실전 속에서 '일 처리 속도'와 '지구력'이 생깁니다.

(4) 체력, 멘탈, 루틴, 실력의 복합적인 내공이 한 단계 상승합니다.

단, 동료 디자이너가 있는 미용실이라면 반드시 사전 양해를 구해야 합니다.

자신의 성장을 향한 시도임을 팀원에게 설명하시기 바랍니다.

고객 수 확보 → 객단가 상승 → 운영 효율화

이 구조가 갖춰질수록 시간 대비 성과는 폭발적으로 증가합니다.

이 전략은 성장기 디자이너라면,

한 번쯤 반드시 경험해 볼만한 도전입니다.

하이퍼포머 헤어 디자이너로 살아남는 법

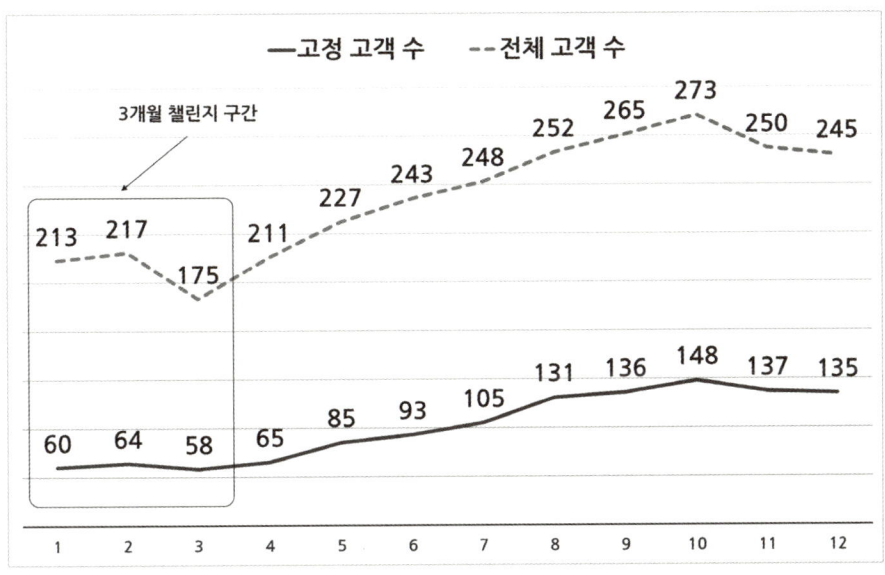

〈그림5〉 전략3 (챌린지 사례 : ○○디자이너)

→ 챌린지 이후에도 고객 수는 꾸준히 상승 곡선을 이어간다.

하이퍼포머의 매출 구조 자가 진단표

항목	현재 상태(as is)	개선 포인트(to be)
월 평균 고객 수		목표: 200명 이상
객단가 평균		목표: 50,000원 이상
재방문율		목표: 60% 이상
제안 빈도		업셀링, 크로스셀링 필요
DM 발송 or 사후 관리		고객 연결 유지

→ 이 수치를 월초에 기록하고, 매일 매일 복기하자.

월 천은 '기적'이 아니라 '습관'이다.

하이퍼포머는 거창한 성공보다 예측할 수 있는 일에 집중하고 반복합니다.

- 고객과의 밀도 있는 연결
- 제안의 지속성
- 자기 매출 구조에 대한 실행 능력

이 세 가지가 갖춰져 있다면,

월 1,000만 원 매출은 더 이상 꿈이 아니라, 당연한 기준이 됩니다.

하이퍼포머 헤어 디자이너로 살아남는 법

④

월 1,000 지속해야 진짜다

월 1,000만 원의 매출 유지는 일부만 해당하는 숫자가 아니다. 꾸준한 목표 설정 → 실천 → 피드백 루틴을 통해 누구나 지속할 수 있는 현실적인 숫자입니다.

월 1,000이란? 하루 4명, 객단가 10만 원, 25일 = 1,000만 원

1인당 객단가 10만 원 고객 × 100명 = 1,000만 원

100명 ÷ 25일 = 1일 평균 4명 (1명의 객단가 100,000원)
150명 ÷ 25일 = 1일 평균 6명 (1명의 객단가 67,000원)
200명 ÷ 25일 = 1일 평균 8명 (1명의 객단가 50,000원)

즉, 하루 4~8명의 고객을 집중력 있게 응대하고, 객단가를 높이기 위한 제안력과 재방문율을 높이기 위한 고객 경험 만족 설계가 병행되면 누구나 지속 가능한 매출입니다.

하이퍼포머는 '변수'가 아닌, '공식'을 만든다.

고객 수가 일정하지 않아도,

시술이 들쑥날쑥해도

자기 매출 구조를 파악하고 움직이는 디자이너는

월 천이라는 숫자에 끌려가지 않습니다.

끌고 갑니다.

지속 가능한 '월 천 매출' 실행 매뉴얼

(1) 고객과의 밀도 있는 연결

→ 첫 방문 시 데이터 확보

• 이름, 연락처, SNS 계정, 시술 이력

• CRM에 즉시 기록

→ 사후 관리 루틴

• 시술 후 : 스타일 만족도 체크

• 홈케어 팁, 관리 요령 설명

하이퍼포머 헤어 디자이너로 살아남는 법

• 추후 리터치, 클리닉 사전 제안

→ 맞춤 제안 메시지 (예시)

"지난번 펌 후 컬 유지력 어떠셨어요? 이번엔 조금 더 탄력 있는 컬로 조정해 드릴게요."

[2] 제안의 지속성

→ 3단계 제안 프로세스

• 현재 스타일·모발 상태 분석

• 개선 포인트 제시

• 장기 관리 플랜 안내

→ 업셀링 & 크로스셀링 시점

• 시술 전 1회

• 시술 중 1회

→ 콘텐츠 활용

• Before & After, 고객 후기, 스타일링 팁 SNS 업로드

[3] 자기 매출 구조 실행 능력

→ MBO 일일 역산 표 활용

• 월 목표 → 주간 목표 → 일 목표 세분화

- 매일 고객 수, 매출, 제안 건수 기록

→ 전환 전략
- 신규 : 첫 방문 이벤트 + 다음 예약 제안
- 휴면 : 리마인드 메시지 + 혜택 제공
- 단골 : 신제품, 선불권, 회원권 시즌 메뉴 제안

→ 주간 점검 루틴
- 매주 1회, 달성률 체크 & 보완 전략 수립

지속 가능한 '월 천 매출' 실행 공식 전환

<고객 수 → 객단가, 재방문율 순차적 집중 전략>

1단계 : 고객 수에 집중하는 기간 설정

우선은 가능한 많은 고객을 만나며 경험을 쌓는 데 집중합니다. 이 시기에는 다양한 시술을 통해 감각을 익히고, 나만의 리듬을 만드는 것이 목표입니다.

2단계 : 고객 수가 안정되면 객단가에 집중

고객 수가 일정 수준 이상 확보되었다면, 이제부터 고객 1인당 시술 범위를 넓히고 프리미엄 서비스 제안력을 높입니다. 이를 통해 매출 구조를 한 단계 끌어올립니다.

하이퍼포머 헤어 디자이너로 살아남는 법

※ 주의 사항 : 객단가를 올릴 때는 일부 고객의 이탈 가능성을 고려해야 합니다. 따라서 한 달 예약이 가득 찼거나, 이미 안정적인 고객 수를 확보한 상태에서 객단가를 조정하는 것이 바람직합니다. 객단가가 오르면 적은 고객으로도 높은 매출을 만들어 운영 효율이 강화됩니다.

2단계부터는 기존 매출 공식에서 (고객 수 × 객단가 = 매출) → (고객 수 × 객단가 × 재방문율 = 매출) 재방문율 관리의 전환이 필요합니다.

매출을 만드는 3가지 힘

매출 = 기술 × 제안 × 마케팅

- 기술은 기본 기량 (기술, 응대, 서비스 등)
- 제안은 역량 (도전, 실행, 열정 등)
- 마케팅은 차별화 능력 (퍼스널 브랜딩, 시그니처 전략 등)

이 3가지 힘이 균형 있게 작동할 때, 나를 찾는 고객이 늘어나고, 매출은 자연스럽게 따라옵니다.

체계적 셀프 훈련 방식 : MBO 일일 역산 표, GPS 월간 목표, 전월 성과 리뷰, CPR 제안력, 1·2·3 법칙, 고객 4C 분석, 원 데이 체크리스트, 원 데이 텐 카피 등을 활용합니다.

CPR 제안력 템플릿

고객에게 제안할 수 있는 대표 카테고리를 CPR 제안 템플릿으로 정리합니다.

구분	예시	활용 포인트
C 고객의 초이스 메뉴	커트, 펌, 염색, 트리트먼트	"기본 안에 제안이 숨어 있다."
P 나의 추가 제안 메뉴	두피·모발 클리닉, 추가 서비스, 세트 메뉴	"업셀링을 익숙하게 말해보자."
R 재방문을 유도하는 메뉴	회원권, 선불권, 리터치 예약	"고객의 다음 방문을 예약하라."

→ Choice, Proposal, Repeat. 이 구조를 습관처럼 말하고, 메모하고, 복기하자.

제안에 강해지는 1·2·3 법칙

3명의 고객 중 2명은 거절하지만, 반드시 1명은 선택한다. 그래서 제안은 '선택받기 위한 설득'이 아니라, '정보 제공 + 신뢰 구축'의 과정입니다. 제안을 포기하지 않고 반복하면 1명이 선택 → 단골화 → 고객 수 증가 → 매출 증가로 이어집니다.

고객을 기억하는 CRM 4C 분석

하이퍼포머 헤어 디자이너로 살아남는 법

고객을 CRM 기반으로 기록하고 분석하는 데 탁월한 구조다.

항목	체크 내용	기록 포인트
① 방문 동기	나를 알게 된 경위, 유입 채널, 소개 경로 등	어떻게 알게 되었는가?
② 상담 내용	원하는 스타일, 이미지, 고민 사항	원하는 것은 무엇인가?
③ 시술 레시피	모발 상태, 시술 진행과 설명, 사용한 제품 레시피	결과는 만족했는가?
④ 다음 방문 제안	대화 내용, 다음 방문 제안 포인트 및 타이밍	재방문을 요청했는가?

→ 기록은 단골 관리의 무기다.

손 기록 + CRM 병행 활용으로 직관 + 데이터 모두 잡을 수 있다.

하이퍼포머는 템플릿을 체화한다.

CPR 제안력은 언어 습관이 되고,

1·2·3 법칙은 마음의 여유를 만들고,

4C 분석은 고객의 마음을 기억하는 도구가 된다.

결국, 이 모든 것은

한 명의 고객을, 다음 달 10명의 고객으로 바꾸는 기술입니다.

지속 가능한 월 1,000,

그 숫자는 어느 날 우연히 달성되는 결과가 아닙니다.

작은 숫자의 반복과 관리를 통해 완성되는 목표형 숫자입니다.

월간 목표를 세우지 않는다면

매출의 차이는 기술력보다 목표 설정에서 시작됩니다.
목표 없이 일하는 디자이너는 늘 쫓기지만,
목표를 세우는 디자이너는 매출을 앞당깁니다.

왜 목표가 필요한가요?
"계획 없는 행동은 방향 없는 배와 같습니다."
목적지를 모른 채 떠난 항해는 결국 표류하게 됩니다.

목표 없는 디자이너는 방향이 없습니다. '이번 달 어떻게 될까?'라는 막연한 생각으로는 절대 성과를 낼 수 없습니다. 목표는 숫자에 근거한 자기 성장 전략입니다. 헤어 디자이너는 예술가이면서 동시에 매출을 관리하는 사업가입니다.

목표가 없으면 결과에 늘 휘둘리지만, 목표가 있으면 결과를 주도하게 됩니다.

목표가 만드는 상반된 변화

구분	목표 없는 디자이너	목표가 있는 디자이너
하루 시작	허둥지둥, 무계획, 무기력	고객 파악, 일정 설계, 준비된 하루
고객 응대	수동적, 단순 응대	능동적, 제안 중심
월말	매출에 쫓김	목표 조정 & 리딩
에너지	지침, 번아웃	몰입, 자기 주도

목표 설정 4요소

① 목표 수치

② 실천 전략

③ 실행 기간

④ 점검 방식

4요소로 구성해야 합니다.

<스마트한 목표 설계법 : SMART 원칙>

목표는 편한 수치가 아니라, 도전적인 수준으로 작성해야 합니다.

S(Specific) 구체적인 목표

하이퍼포머 헤어 디자이너로 살아남는 법

→ 모호한 표현 대신 정확한 수치를 명시합니다.

예 : "이번 달 신규 고객 50명 확보, 총고객 150명, 매출 1,000만 원 달성"

M(Measurable) 측정 가능한 수치

→ 진행 상황을 MBO 일일 역산 표, 예약 관리 시스템, CRM 등을 통해 매일 확인하고 기록합니다.

A(Achievable) 달성 가능한 목표

→ 현재 고객 수, 재방문율, 제안 성공률 등을 고려해 도전적이지만 현실적으로 가능한 목표를 설정합니다.

R(Realistic) 현실적인 목표

→ 현재 온·오프라인 입지, 마케팅 자원, 근무 일정 등을 고려해 실행할 수 있으며, 성장 여지가 있는 수준으로 설정합니다.

T(Time-related) 기한이 정해진 목표

→ 목표 달성 시점을 명확하게 설정하고, 월간 → 주간 → 일일 단위로 세분화합니다.

하이퍼포머 G.P.S 월간 목표 (성공을 향한 나침반)

G.P.S = Goal · Process · System

- Goal – 나의 목표는 어디인가?

- Process – 목표를 향해 지금 밟고 있는 과정은 무엇인가?

- System – 이 과정을 지속하기 위한 나만의 루틴은 무엇인가?

실행 툴 : GPS 월간 목표 - 작성 가이드

[1] 단기 목표

"성공은 능력이 아니라 실행이 결정한다."

- 이달의 목표 : 이번 달 꼭 달성해야 할 수치를 명확히 설정합니다.

- 이달의 프로모션 : 진행할 이벤트나 할인, 패키지 구성 등을 기획합니다.

- 이벤트 진행 : 주간, 월간 단위로 고객 참여를 유도하는 행사를 실행합니다.

- 고객 반응 높은 메뉴 집중 : 가장 반응이 좋은 시술 메뉴를 반복, 강화합니다.

- 월수입을 매출에 대비 미리 산출해 동기부여를 강화합니다.

- 1차 목표는 월초에, 2차 목표는 15일이 지나면 테이터를 통해 재조정합니다.

→ 단기 목표는 지금 당장 해야 할 일에 초점을 맞추는 것입니다.

[2] 장기 목표

"내일은 오늘 무엇을 했느냐에 따라 달라진다."

- 중·장기 계획 세우기

하이퍼포머 헤어 디자이너로 살아남는 법

→ 고객 수, 매출, 점판, 지표 분석 루틴을 미리 설계합니다.

• 재방문 고객 분석하기

→ 고객 방문 주기를 체크하고, 소개 유도 과정을 추적합니다.

• 자기 계발 루틴 세우기

→ 콘텐츠 제작, SNS 운영, 취미, 독서, 운동 등 개인 성장 활동을 정합니다. 또한 '읽은 책'에 한 줄 소감을 기록하여 인사이트를 쌓습니다.

(3) 피드백 구간

• 성공 원인 기록

→ 고정 고객 유지 노력, 이벤트 집중, 우선순위 정리 등의 성공 포인트를 기록 합니다.

• 아쉬운 점 점검

→ 체력 관리 실패, 목표 미달성 원인, 대응 전략 미흡 등을 분석합니다.

(4) 실행 루틴

• 주간 리뷰 타임 : 매주 휴무일 전날, 목표 달성률을 체크합니다.

• 출근 시 확인 : 매일 목표 시트를 확인하며 하루를 시작합니다.

• 월말 피드백 : 한 달 동안의 데이터를 분석하고, 다음 달 전략에 반영합니다.

GPS 월간 목표 작성

→ 월말이 다가오면 다음 달 목표 전략을 구상하고 미리 작성한다.

→ 목표 시각화 : 출력해서 눈에 잘 보이는 곳에 붙여둔다.

GPS 월간 목표 (부록-워크시트 6)

GPS (   )월간 목표
나의 슬로건 (   )

1. 단기 목표 - 성공은 능력이 아니라 실행이 결정한다.

구분	1차 목표(설정)	2차 목표(조정)	실천 및 방법
월 매출			
고객 수	일) 월)	일) 월)	
지명 고객	일) 월)	일) 월)	
점판/판매			
시그니처 메뉴			
(월) 수입			

2. 장기 목표 - 내일은 오늘 무엇을 했느냐에 따라 달라진다.

[목표] 하고 싶은 것 업무, 개인, 매장 (고객, 자기 계발, 팀워크)	실천 및 방법
1)	
2)	
3)	

이달의 책 (한 줄 작성)	본 것: 깨달은 것: 적용할 것:

3. 피드백 – 이번 달 계획 중 성공한 부분이나 아쉬운 점을 적어 보세요.

성공 원인	아쉬운 부분

    목표는 단순한 숫자가 아니라, 성장을 위한 방향입니다. 이달 나의 성과는 숫자가 말해줄 것입니다. 목표는 성장을 끌어올리는 가장 현실적인 레버리지입니다. 목표가 없는 디자이너는 오늘만 보지만, 목표가 있는 디자이너는 내일의 성장을 만듭니다. 실행은 구체성에서 시작됩니다. 목표가 없으면 하루는 흘러가고, 목표가 있으면 하루는 의미를 갖게 됩니다.

GPS (7)월간 목표

나의 슬로건 (가치는 타협하지 않고 , 표현은 자유롭게 하는 행아가 되자. **)**

1. 단기 목표-성공은 능력이 아니라 실행이 결정한다.

구분	1차 목표(설정)	2차 목표(조정)	실천 및 방법
월 매출	12,000,000		· 대기고객님께 미리 대기시간 공지와 친절하게 자리안내 , 차 접대하기
고객 수	일) 12 명 월) 300 명	일) 월)	· 고객님과 상담시 키를 높이고 신뢰가 갈수 있는 이투 (멘투)로 맞춤상담 도와드리기.
지명 고객	일) 8 명 월) 200 명	일) 월)	· 내것이 아니어도 틈틈히 주변 돌아보며 정리정돈하기
점판/판매	500,000		· 바쁜인력, 디자이너 선생님들 여유될 때 도와드리기.
시그니처 메뉴	열펌 (고데기펌)		· 밝은얼굴과 밝은 근무자세.
(월) 수입	4,000,000		(접객판 , 책임백 , 인사 , 안내 , 상담 등등)

2. 장기 목표-내일은 오늘 무엇을 했느냐에 따라 달라진다.

[목표] 하고 싶은 것 업무, 개인, 매장 (고객, 자기 계발, 팀워크)	실천 및 방법
1) 신규고객을 고정고객으로 만들기위해 시술 전 맞춤 상담을 강화하고 재방고객은 전 시술 피드백 체크할 것.	· 고객맞춤 상담을 위해 디자인별 특징 및 디테일부분 체크하고 꼼꼼하기 (디자인 제안력 상승)
2) 고객 맞춤 제품 추천을 위해 무조건적인 판매가 아닌 필요제품에 대한 이해도와 사용법 숙지 후 제안할 것.	· 매장 비치 제품명 · 성분특징 · 추천방법 등 공부하기
3) 영원한 '나의 고객이 없듯 매장을 방문하는 모든고객이 '나'의 고객이라는 마음으로 미소와 인사, 도움을 습관화 하겠다.	· 4C 분석 명확히알고 당일 고객님들 놓치지 않도록 상세히 기록 남겨 놓기 · 항상 고객님들 불편사항 있는지 체크하기
이달의 책 (한 줄 작성)	본 것: 배움을 열망하고 배움을 위한 계획을 갖고있는 사람만이 성공한다. 깨달은 것: 연습이 완벽을 낳는것이 아니라 완벽한 연습만이 완벽을 낳는다. 적용할 것: 잘못된 부분을 체크하고 배웠을때 좋게될 때는 반드시 긍정적인 강화가 함께 이루어져야 한다.

3. 피드백-이번 달 계획 중 성공한 부분이나 아쉬운 점을 적어 보세요.

성공 원인	아쉬운 부분
감정했던것 보다는 팀워크가 감사했던 한달 이였다. 먼저 다가가서 도와주는것이 팀워크에 좋은 방향으로 작용을 했다. 소개고객 프로모션을 통해 목표치를 달성할 수 있었다. 대체고객의 만족도가 높아 다행이였다. 기존 담당 선생님 보다 만족도를 높여주는 서비스 마음가짐이 도움이 되었다.	제안이 많이 부족했던 한 달 이였다. 매출 향상을 위한 전략이 부족했었다. 고객 수와 매출이 많은 선생님들 분석하여 다음달에 적용해 보자. 직무에 대한 제품 제안, 선불권, 회원권의 제안도 다음 목표에서 먼저 실행하자.

하이퍼포머 헤어 디자이너로 살아남는 법

6

매출은 에너지 관리가 핵심이다

"감정 에너지를 소진하지 말고, 일에 대한 집중 에너지를 키워라."

헤어 디자이너의 하루는 고객과의 대화, 동료와의 관계,
그리고 끊임없는 감정노동으로 채워집니다.

그러나 진짜 매출을 만드는 힘은 '감정'이 아니라, '집중'에서 나옵니다. 감정에
휘둘릴수록 체력은 빠르게 소모되고, 실행 속도는 느려집니다. 하루의 에너지를
감정 소모에 쓰기보다, 목표와 업무에 집중하는 데 사용해야 합니다.

감정을 줄이고, 일에 몰입하는 것.
이것이 하이퍼포머가 에너지를 관리하는 핵심 방식입니다.

감정 vs 집중 에너지 비교

구분	감정 에너지	집중 에너지
사용 예시	고객의 기분, SNS 반응, 동료 눈치, 뒷담화 등	예약 분석, 목표 점검, 시술 집중 등
결과	불안정, 피로 누적, 회피 습관, 이직	몰입, 성과 창출, 루틴 정착

→ 하이퍼포머는 감정 소모를 최소화한다. 집중의 우선순위를 정한다.

감정에 휘둘리지 않고 일하는 법

• 그날 기분보다, 그날의 '계획'에 따른다.

→ 기분에 따라 움직이지 않고, 계획에 따라 실행하는 힘을 기릅니다.

• 일의 순서를 정하고, 우선순위에 집중한다.

→ '예약 분석 → 시술 준비 → 고객 응대 → 마무리 제안' 순으로 일관성 있게 진행합니다.

• 일과를 기록하며 피드백한다.

→ 감정이 아닌, '성과'를 중심으로 하루를 정리합니다.

하이퍼포머 헤어 디자이너로 살아남는 법

뱀파이어는 어디에나 존재한다.

사람이 모이는 곳에는 반드시 '에너지를 갉아먹는 존재'가 있습니다.

이들은 직접적으로 해를 끼치지 않지만, 다른 사람의 집중력과 열정을 조금씩 잠식하며 주변 분위기를 흐립니다.

하이퍼포머의 에너지는 '고객'에게 향한다.

미용실에서 바쁜 디자이너는 에너지의 방향이 분명합니다. 그들은 오늘의 목표를 달성하기 위해 시술, 고객과의 대화, 보조 업무까지 모든 집중을 '고객 가치 창출'에 쏟습니다. 불필요한 대화를 피하며, 에너지 낭비를 철저히 경계합니다. 이러한 집중의 흐름이 결국 높은 성과로 이어집니다.

반면, 상대적으로 한가한 디자이너들은 에너지를 쏟을 일이 적기 때문에 다른 사람의 일에 끼어들기 쉽습니다. 삼삼오오 모여 수다를 떨고, 가십거리나 동료의 사소한 말투, 복장, 사생활 이야기에 시간을 소비합니다. 이런 대화는 겉보기에 가볍지만, 매장의 공기를 무겁게 만들고 본인조차 부정적인 에너지에 물들게 합니다.

내가 해야 할 일에만 집중하라.

일은 내 입장에서 바라볼 때, 세 가지로 구분할 수 있습니다.

① 세상이 할 일

② 네가 할 일

③ 내가 할 일

'세상이 할 일'은 내 뜻대로 되지 않는 크고 복잡한 일들입니다.

내가 바꿀 수 없는 일이 대부분입니다.

그럼에도 많은 사람은 그런 일에 지나치게 관심을 두거나,

에너지를 쏟습니다.

그리고 정작 자신의 일보다,

'네가 할 일', 즉 다른 사람들의 일에 간섭하느라

에너지를 낭비합니다.

하지만 결국 결과를 만드는 것은

지금 내가 할 수 있는 일에 집중하는 것입니다.

각자가 자신의 '내가 할 일'에 집중하면,

모든 조직은 자연스럽게 성과를 냅니다.

그리고 그 시작은

스스로 돌아보는 시간에서 비롯됩니다.

하이퍼포머 헤어 디자이너로 살아남는 법

하이퍼포머의 에너지 훈련 팁

- 하루에 단 한 명이라도 전력을 다한 시술을 해보시기 바랍니다.
- 감정이 흔들리는 순간, '왜 시작했는지'를 메모로 떠올리시기 바랍니다.
- GPS 월간 목표와 MBO 일일 역산 표를 보며 '내가 정한 숫자'에 충실하시기 바랍니다.
- 감정이 매출을 만드는 것이 아니라, 집중이 매출을 만듭니다.
- 목표가 있다면, 움직임에도 반드시 이유가 있어야 합니다.

7

쓰기 귀찮아도 쓰는 이유

"손뇌(手腦), 손으로 쓰는 습관이 성과를 만든다."

디지털 시대에 우리는 대부분의 기록을 스마트폰, 컴퓨터, 태블릿 등으로 남기고 있습니다. 일정은 캘린더 앱이, 고객 정보는 CRM이, 매출은 POS가 대신 관리합니다. 이제 손으로 글을 쓰는 일은 드물어졌지만, 하이퍼포머는 '기록의 힘'을 알기에 여전히 펜을 듭니다.

기억을 설계하는 기록

"손으로 기록하자. 우리의 뇌는 손과 함께 움직일 때 더 오래 기억한다."

손 글씨는 좌뇌와 우뇌를 동시에 자극하며, 기억 저장고인 해마를 더욱 활발히 작동시킵니다. 그래서 손으로 쓰는 행위는 단순한 '기록'을 넘어, 생각을 정리하고 목표를 각인하는 강력한 도구가 됩니다.

손으로 쓰는 '기록'은 곧 성장의 도구다.

손 글씨는 단순 기록이 아니라 기억 정착, 생각 재정리, 행동 각인을 돕는 '성장의 엔진'입니다. 머릿속 아이디어를 눈앞의 종이에 옮기는 순간, 사고가 명확해지고 실행 의지가 강화됩니다. 하이퍼포머는 이 기록 습관을 통해 하루하루의 성장을 눈에 보이게 설계합니다.

왜 손으로 써야 하는가?

디지털 입력	손 글씨 기록
빠르고 편하다.	느리지만 깊다.
쉽게 삭제가 가능하다.	한 번 쓰면 오래 남는다.
단순 저장 기능이다.	생각을 구조화하고, 기억에 각인된다.

왜 써야만 기억되는가 - 에빙하우스의 망각곡선

학습 후 10분이 지나면 망각이 시작되고,

1시간 뒤에는 50% 이상,

1일 뒤에는 70% 이상,

1개월 뒤에는 80% 이상을 잊게 된다는 것이 에빙하우스의 망각곡선입니다.

무엇을 배우든 기록과 반복이 없다면 금세 사라집니다.

그래서 손으로 쓰는 기록은 망각을 이기는 가장 강력한 루틴입니다.

지금도 써야 할 것들이 있다.

- 목표
- 예약 메모
- 고객 정보
- 상담 내용
- 피드백
- 오늘 배운 것

이런 것들은 여전히 '손으로 써야 하는 영역'입니다.

성공은 디지털의 속도에서만 나오는 것이 아니라,

아날로그의 깊이에서 완성됩니다.

하이퍼포머는 손으로 생각을 정리하고,

손으로 목표를 각인합니다.

하이퍼포머 헤어 디자이너로 살아남는 법

하이퍼포머의 손 글쓰기 실천법

① 하루 5분, '일일 성장 노트'를 작성합니다.

• 오늘의 업무를 돌아보고, 하루를 스스로 마감하는 시간입니다.

② 상담 내용, 고객 피드백, 거절당한 경험도 기록합니다.

• 모든 경험은 다음 전략의 데이터가 됩니다.

③ GPS 월간 목표, MBO 일일 역산 표, 4C 분석을 손으로 작성합니다.

• 숫자를 쓰는 행위는 '목표'를 '의식'으로 바꾸는 과정입니다.

• 종이에 써야 숫자가 내 것이 됩니다.

④ 쓰는 과정에서 상황을 다시 떠올리고, 개선점을 찾습니다.

• 손이 움직일 때, 생각은 체계화되고 목표는 진심이 됩니다.

쓰면 행동이 달라진다.

기억은 흐려지고, 감정은 사라집니다.

그리고 결심은 시간이 지나면 약해집니다.

그러나 '쓴 기록'은 남습니다.

그리고 언제든 다시 꺼내 읽을 수 있습니다.

하이퍼포머는 기록을 남기고, 기록은 성과를 만듭니다.

당신이 쓰는 한 줄,

그것이 다음 달 매출을 만듭니다.

"성장은 손끝에서 시작됩니다."

8

7P가 우리에게 알려주는 것은

미용 서비스는 단순한 기술 제공이 아니라, 고객이 미용실에서 경험하는 모든 순간을 포함한 '총체적 경험'을 판매하는 비즈니스입니다. 따라서 성공적인 미용실은 전통적인 4P 요소인 제품(Product), 가격(Price), 입지(Place), 홍보(Promotion)에 더해 사람(People), 서비스 과정(Process), 물리적 증거(Physical Evidence)라는 3P 요소를 결합해야 합니다.

이렇게 4P와 3P가 유기적으로 연결되고 조화를 이루면, 하나의 완성된 퍼포먼스가 구현됩니다. 저는 이를 One Perfect Performance라고 부릅니다.

One Perfect Performance란?

모든 마케팅 요소가 한 방향을 향해 작동하며, 고객에게 최고의 경험과 가치를 전달하는 상태를 의미합니다. 제품·서비스는 고객의 니즈에 정확히 맞춰 제공되고, 가격은 그 가치에 걸맞게 책정되며, 입지와 접근성은 고객의 편의를 극대화합니다. 홍보는 고객이 원하는 방식과 채널로 이뤄지고, 현장에서 만나는 사람과 서비스 과정은 브랜드의 철학을 그대로 보여줍니다. 여기에 미용실의 인테리어, 소품, 향기, 음악 등 모든 물리적 요소가 브랜드 경험을 뒷받침하며, 이 모든 것이 하나의 완벽한 퍼포먼스로 귀결되는 것입니다.

하이퍼포머 디자이너는 이 1P를 설계하고, 실행하고, 지속적으로 개선하여 성과를 만들어냅니다. 결국, 기술과 서비스, 환경과 경험이 하나로 통합된 순간, 고객은 단순한 서비스가 아니라, 브랜드를 '경험'하게 된다고 할 수 있습니다.

4P-미용실의 기본 마케팅 요소

[1] Product [제품·서비스]

메뉴 구성, 기술력, 브랜드 이미지를 포함합니다. 트렌드와 고객 니즈를 반영한 기술 개발이 필요하며, 사용하는 제품은 선택부터 직접 개발까지 다양화할 수 있습니다. 요즘 일부 미용실은 자체 PB제품을 제작해 사용하지만, 대부분은 기존 제품을 테스트하고 선별해 사용합니다. 중요한 것은 기술과 서비스가 고객의 눈높이에 맞춰 얼마나 유연하게 변화하는가입니다.

[2] Price [가격]

시술 요금은 기술력과 서비스 가치에 부합해야 합니다. 지역 평균 시세를 고려하되, 고객이 이해할 수 있는 차별화가 핵심입니다. 디자이너 연차별, 전문영역별 차등 요금제를 운용하면 신뢰를 높일 수 있습니다. 예를 들어, 미취학 아동 커트는 더 높은 집중력과 안전 관리가 필요하므로 일반 커트 가격보다 높게 책정해 서비스 시간을 충분히 확보할 수도 있습니다.

(3) Place (판매 접점)

입지, 상권, 주차, 접근성 등 물리적 조건과 함께 온라인 접점을 강화해야 합니다. 네이버 예약, 인스타그램, 블로그, 유튜브 등 온라인 채널을 적극 활용하면, 오프라인 상권이 약해도 온라인 상권을 강화해 고객 유치가 가능합니다. 주차 편의, 동선, 접근성 등 '이유 있는 선택' 요소를 갖추는 것이 전략이 됩니다.

(4) Promotion (홍보)

이벤트, SNS 콘텐츠, 고객 후기 등 다양한 방법으로 홍보합니다. 과거에는 전단지나 현수막이 주된 홍보 수단이었다면, 지금은 인스타그램 한 장의 사진, 블로그 리뷰 한 편이 모든 것을 말해줍니다. "나는 어떤 스타일을 잘하는 디자이너다."라는 메시지를 지속적으로 보여주는 것이 중요합니다.

3P-미용 서비스만의 핵심 요소

(5) People (사람)

내부 고객은 직원 자신이며, 외부 고객은 실제 고객입니다. 디자이너는 단순한 기술자가 아니라 브랜드의 얼굴이며, 미용 서비스는 대표적인 피플 비즈니스(People Business)입니다. 감정, 표정, 말투, 태도 등 모든 행동이 서비스 품질로 이어지고, 고객은 이를 통해 신뢰와 감동을 합니다. 고객은 기술보다 '사람'을 먼저 봅니다. 감정 표현, 관계 맺는 방식까지 모두 브랜드 경험의 일부이므로, 사람에 대한 이해·존중·배려가 가장 강력한 차별화 전략이 됩니다.

(6) Process (서비스 과정)

예약 → 방문 → 응대 → 상담 → 시술 → 마무리 → 재방문 유도. 이 전체 과정이 하나의 흐름이며, 표준화와 개별화가 동시에 필요합니다. 응대 매뉴얼, 재방문 유도 대화법, 시술 후 피드백 절차까지 체계적으로 갖추면, 결과물뿐만 아니라 과정에서 경쟁 우위를 가질 수 있습니다. 같은 커트를 해도 어떤 디자이너는 "머리가 너무 예뻐요."라는 메시지를, 또 다른 디자이너는 "다신 안 가요."라는 후기를 받습니다. 이 차이는 기술이 아니라, 서비스 과정의 완성도에서 비롯됩니다.

(7) Physical Evidence (물리적 증거)

간판, 인테리어, 유니폼, 명함, SNS 피드, 리뷰, 고객 사진, 영업시간 등 보이는 모든 것이 무형의 서비스를 눈에 보이게 만드는 증거가 됩니다. 청결 상태, 직원 복장, 매장 향기, BGM, 그리고 디자이너의 헤어스타일까지도 브랜드의 신뢰를 형성하는 요소입니다. 특히 영업시간은 철저히 지켜야 합니다. 고객이 없다고 일찍 문을 닫거나 늦게 오픈하면, 그 시간에 방문하려던 고객을 잃게 됩니다. 서비스 업종에서 약속된 영업시간을 지키는 것은 신뢰의 기본입니다.

하이퍼포머 헤어 디자이너로 살아남는 법

1P - One Perfect Performance : 모든 요소의 통합

4P + 3P = 1P는 기술, 마케팅, 사람, 공간, 과정, 이미지가 완벽하게 어우러질 때, 고객에게는 단 하나의 강력한 브랜드 경험으로 각인됩니다.

디자이너의 손끝 기술(Product)이 정당한 가격(Price)으로 전략적 입지(Place)와 온·오프라인 채널을 통해 매력적인 방식(Promotion)으로 전해집니다. 또한 친절하고 신뢰 가는 사람(People)이 세심하게 설계된 과정(Process)을 거쳐 브랜드를 눈에 보이게 증명(Physical Evidence)할 때, 고객은 '기억에 남는 헤어 디자이너'로 당신을 선택하게 됩니다. 미용 마케팅의 본질은 기술을 뛰어넘는 경험입니다. 기술력만으로는 부족합니다. 감동과 신뢰, 호감과 설득은 복합적인 퍼포먼스에서 나옵니다. 모든 요소를 조율해 하나의 완성된 브랜드 경험, 바로 One Perfect Performance를 설계하시기 바랍니다.

<그림7> 7P (One Perfect Performance)

4P-마케팅의 기초

Product (제품/서비스)
고객 니즈와 트렌드에 맞는
메뉴, 기술과 서비스

Price (가격)
기술력, 브랜드 가치에
부합하는 요금

Place (입지-온라인 접점)
매장 위치와 온라인 채널 전략

Promotion (홍보)
이벤트, 콘텐츠리뷰, 매력적인 노출

3P-미용 서비스만의 차별화 요소

People (사람)
디자이너의 태도, 말투,
감정표현

Process (과정)
예약에서부터
재방문까지의 고객경험설계

Physical Evidence
(물리적 근거)
인테리어, 리뷰, 청소, 영업시간
눈에 보이는 요소

1P-One Perfect Performance
4P와 3P가 하나로 통합된 완벽한 브랜드 경험

기술, 마케팅, 사람, 공간, 과정, 이미지가 어우러져 고객에게 깊은 인상을 남김
(모든 요소의 통합)

하이퍼포머 헤어 디자이너로 살아남는 법

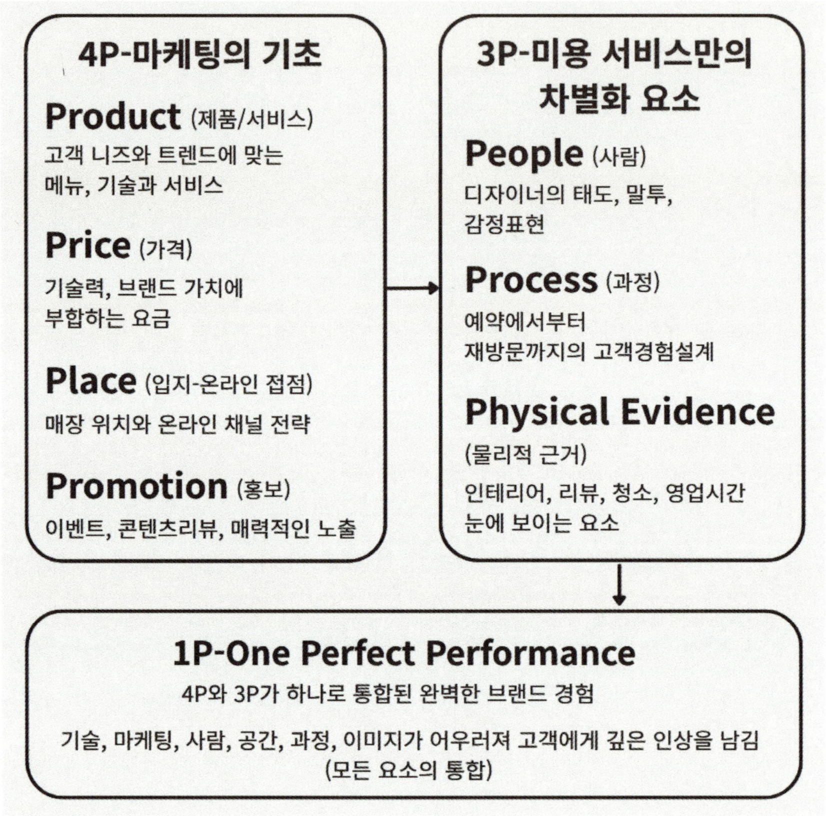

제5장

절대 놓쳐선 안 되는
하이퍼포저의 기술

1

당신의 체력은 안녕하십니까

"기술보다 먼저 관리해야 할 것이 있다면 그것은 체력이다."

왜 체력이 중요한가?

헤어 디자이너는 단순히 앉아서 일하는 직업이 아닙니다. 하루에 길게는 8시간 이상 서서 팔을 들고, 허리를 숙이며, 고객과의 대화를 이어가야 하는 고강도 노동을 매일 반복합니다. 여기에 감정 소모까지 더해지면 체력 소진 속도는 더욱 빨라집니다.

- 체력이 없으면 집중력이 무너집니다.
- 집중력이 무너지면 기술이 흔들립니다.

하이퍼포머 헤어 디자이너로 살아남는 법

- 기술이 흔들리면 서비스 질이 떨어집니다.
- 서비스 질이 떨어지면 고객 만족도와 재방문율이 하락합니다.

기술 vs 인성 vs 태도

과거 어느 학교의 취업 담당자가 저에게 이렇게 물으신 적이 있습니다.
"학생들에게 무엇을 더 준비시켜야 취업이 잘될까요?
기술인가요? 인성인가요? 태도인가요?"

그때 저는 이렇게 대답했습니다.
"체력을 먼저 키워서 보내주세요. 나머지는 우리가 채우겠습니다."

이 한 문장에는 미용업의 현실이 고스란히 담겨 있습니다. 기술, 인성, 태도 모두 중요하지만, 결국 버티는 힘, 지속할 힘이 있어야 다른 모든 것이 의미로 쓰이게 됩니다. 그리고 그 시작은 체력과 건강에서 비롯됩니다.

하이퍼포머는 체력도 루틴화한다.

하이퍼포머는 '운'으로 버티지 않습니다.
그들은 체력도 '루틴'으로 관리합니다.

- 식사 시간, 수면 시간, 운동 시간을 철저히 고정합니다.

- 주간 스케줄에 맞춰 체력을 조절합니다.
- 시술 후 짧은 스트레칭과 가벼운 명상으로 회복을 생활화합니다.
- 회복력이 성과에 직결된다는 사실을 몸으로 체득합니다.

체력이 실력이다.

고객 10명을 연달아 시술하고도,
마지막 고객에게 처음과 같은 에너지를 줄 수 있는가?

- 체력은 고객 응대의 에너지 총량을 결정합니다.
- 체력이 뒷받침되지 않으면, '감정 노동'이 금세 '감정 소모'로 바뀝니다.
- 체력이 있어야 일관된 퍼포먼스가 가능하고, 그것이 결국 성과로 연결됩니다.

나의 체력은 어떻게 관리되고 있는가?

☐ 나는 하루 몇 시간을 서서 일하는가?

☐ 나는 식사 시간이 규칙적인가?

☐ 아침 식사는 꼭 하는가?

☐ 점심 식사 시간은 확보해 두는가?

☐ 컵라면으로 식사를 대신하는 경우는 없는가?

☐ 퇴근 후 지친 몸을 어떻게 회복하는가?

□ 수면 시간은 하루 7시간 이상 되는가?

□ 주 3회 이상 운동을 하고 있는가?

□ 업무 시작 전·후 하루 10분 스트레칭 루틴이 있는가?

하이퍼포머는 기술보다 체력을 먼저 다집니다.

기술은 반복하면 늘지만, 체력이 받쳐주지 않으면

그 어떤 기술도 고객에게 온전히 전달되지 않습니다.

당신의 실력은 곧 당신의 체력입니다.

건강, 체력, 회복력은 더 이상 선택이 아니라,

미용실 현장의 지속 가능한 경쟁력입니다.

2

다시 쓰는 워라밸 포트폴리오 인생

흔히 말하는 워라밸 'Work and Life?'

'워라밸'이라는 단어를 우리는 흔히 일과 삶의 균형을 의미하는 말로 사용합니다. 하지만 이 표현에는 일과 삶이 완전히 분리된 영역이라는 전제가 숨어 있습니다.

"일은 괴롭고, 삶은 자유롭다?"
"일은 희생이고, 삶은 보상이다?"
이렇게 생각한다면, 우리는 일하는 동안 '삶을 잠시 멈추는' 셈이 됩니다. 과연 그럴까요?

찰스 핸디의 통찰 - 포트폴리오 인생

영국의 사회철학자 찰스 핸디는 저서 《찰스 핸디의 포트폴리오 인생》에서 이렇게 말합니다. "일과 생활의 균형이라는 말은 잘못된 표현이다. 일과 생활이 별개라는 의미가 내포되어 있기 때문이다. 포트폴리오 인생이라는 사고방식에는 대부분의 생활은 일이며, 어떤 것은 따분하고 어떤 것은 보람 있고, 어떤 것은 돈이 되고, 어떤 것은 그 자체로 가치가 있다는 의미가 포함되어 있다."

그의 말처럼, '일'이라는 큰 삶의 틀 안에는 여러 카테고리가 존재하며, 각각이 우리 인생의 포트폴리오를 구성합니다.

- 돈을 버는 일
- 의미와 가치를 주는 일
- 사람을 만나는 일
- 몸과 정신을 회복하는 일
- 배우고 성장하는 일

이 모든 것이 '일'이라는 하나의 큰 개념 속에서 이루어집니다.
그래서 중요한 것은 '일과 삶의 균형'이 아니라, '일의 균형'입니다.

디자이너의 하루 속 '일의 균형'

당신이 디자이너로 하루 8시간을 일한다고 해도,

그 시간은 단순히 생계유지를 위한 것만은 아닙니다.

그 안에는 삶의 의미가 있고, 성장이 있으며, 관계와 성취가 함께 합니다.

결국, 일의 '질'과 '균형'이 당신의 삶 전체를 결정합니다.

하이퍼포머가 일의 균형을 잡는 방법

(1) 일의 카테고리 구분하기

• 수익을 내는 일 : 매출로 직결되는 시술, 선불권 판매, 예약 관리

• 성장을 만드는 일 : 기술 훈련, 마케팅 학습, 고객 분석

• 관계를 쌓는 일 : 고객 응대, 동료와의 협력, 파트너십 유지

• 회복을 위한 일 : 식사, 수면, 운동, 스트레칭, 명상

• 영감을 주는 일 : 독서, 전시·공연 관람, 여행

→ 하루의 활동을 이 다섯 가지 카테고리로 나누어 균형 있게 배치합니다.

(2) '균형 일정표' 만들기

• 오전은 반복되는 시술, 재방문 고객을 배치합니다.

• 오후는 집중을 필요한 시술, 첫 방문, 소개 고객을 배치합니다.

• 마감 후 1시간은 회복과 자기 관리 시간으로 고정합니다.

• 주 1회는 배움과 영감을 위한 시간을 확보합니다.

→ 시간 배분은 의식적으로 조율해야 장기적으로 균형을 유지할 수 있습니다.

하이퍼포머 헤어 디자이너로 살아남는 법

(3) 경계 설정하기

- 예약 외 업무(마케팅·기록·교육)는 정해진 시간에만 진행합니다.
- 고객 응대 외의 대화는 필요한 경우에만 합니다.
- 업무 중 스마트폰과 잡담은 최소화합니다.

→ 에너지를 분산시키는 요소를 줄이면, 균형이 무너지지 않습니다.

(4) '균형 점검 루틴' 운영하기

- 하루 점검 : 오늘 내 하루가 다섯 가지 카테고리에 고르게 분포했는지 기록합니다.
- 주간 점검 : 한 주 동안 어느 영역이 과하거나 부족했는지 체크합니다.
- 월간 점검 : 다음 달 목표와 균형 계획을 재설계합니다.

→ 균형은 한 번 잡는 것이 아니라, 꾸준히 점검하고 조정하는 과정입니다.

포트폴리오 인생을 재설계하자.

영역	설명	목적
살롱 워크	예약 고객 시술, 매출 창출	생계, 성과
성장 워크	테크닉 연습, 트렌드 연구, 독서	자기 계발, 업그레이드
휴식 워크	운동, 여행, 혼자만의 시간	회복과 에너지 충전
관계 워크	동료, 고객, 가족과의 소통	정서적 안정, 팀워크
기여 워크	후배 멘토링, SNS 콘텐츠 공유	영향력, 의미 확장

워라밸은 균형 잡힌 포트폴리오 관리로 완성된다.

일하는 시간이 곧 성장의 시간이 되고,

사람을 만나는 시간이 곧 고객을 만드는 시간이 되며,

운동과 독서가 또 다른 퍼포먼스를 준비하는 시간이 된다면,

굳이 '일과 삶'을 따로 분리할 필요가 없습니다.

결국, 중요한 것은 일과 삶의 균형이 아니라, 일의 균형입니다.

다양한 형태의 '일'을 의도적으로 설계하고 관리할 때,

삶의 질은 자연스럽게 높아집니다.

워라밸 리마인드

• 오늘 하루는 어떤 '일'로 구성돼 있었습니까?

• 돈이 되진 않았지만, 의미 있었던 일은 무엇이었습니까?

• 반복되는 일상에서 성장의 씨앗을 발견하셨습니까?

• 체력과 정신을 리셋하는 시간을 가졌습니까?

하이퍼포머는 '일'로 삶을 설계한다.

일과 삶을 억지로 분리하지 마십시오.

우리는 일하는 순간에도 '살아가고' 있는 중입니다.

삶의 질을 높이고 싶다면,

당신의 일 포트폴리오를 먼저 다시 설계하시기 바랍니다.

친구는 잠시만 안녕하자

"성장을 위해서는 일정 기간,

몰입과 집중에 온전히 투자하는 시간이 필요하다."

[1] 지금, 진짜 중요한 건 무엇인가?

헤어 디자이너로 막 데뷔했거나, 이제 고객을 조금씩 만나기 시작한 시점이라면, 가장 중요한 것은 '시급한 인간관계 유지'가 아니라, '성장 가속을 위한 몰입'입니다. 우리는 종종 '관계 유지'를 이유로 불필요한 술자리, 수다, 늦은 밤 대화를 이어갑니다. 하지만 미용업은 체력, 감정, 시간, 집중력을 동시에 소모하는 고강도 직업입니다. 그 한정된 에너지를 어디에 쓸 것인지 선택해야 합니다. 지금은 성장 곡선을 끌어올리는 데 집중할 시간입니다.

(2) 3개월의 몰입이 1년을 바꾼다.

헤어 디자이너 커리어는 초반 3개월에서 판가름 납니다. 이 시기에 누구와 시간을 보내느냐에 따라 1년 뒤의 모습은 완전히 달라집니다. 하이퍼포머는 친구와 멀어진 사람이 아니라, 미래의 나와 가까워진 사람입니다.

(3) 당신의 '시간 도둑'을 찾아라.

성장을 방해하는 요소를 찾아내야 합니다.
• 무의미한 약속
• 목적 없는 만남
• 생각 없는 소비
• 과도한 SNS, OTT, 게임
• 목표 없이 흘려보내는 시간
매일 반복되는 '시간 낭비 루틴'을 정리해 보십시오.

스스로에게 질문하십시오.
• 이 만남이 지금 내 성장에 어떤 도움을 주는가?
• 나는 왜 오늘 이 사람을 만나야 하는가?
• 오늘의 시간 분배가 내 목표와 연결되는가?
시간과 에너지는 유한한 자산입니다.
그 소중한 자산을 3개월만 자신에게 투자해 보십시오.

(4) 진짜 친구는 당신을 응원한다.

잠시 거리를 둔다고 친구를 잃는 것이 아닙니다.

진짜 친구라면 당신의 몰입을 이해하고 지지할 것입니다.

그리고 몰입의 시간을 거쳐 돌아온 당신은

더 성장한 모습으로 친구들에게 동기와 영감을 줄 수 있습니다.

(5) 하이퍼포머의 시간 사용법

하이퍼포머는 '운'이나 '재능'이 아니라, 시간을 다루는 능력이 다릅니다.

그들은 다음과 같이 선택합니다.

- 아침 일찍 나와 하루를 계획합니다.
- 빈 시간에 독서, 콘텐츠 공부, 기술 복습을 합니다.
- 고객 기록을 남기고 피드백을 작성합니다.
- SNS 콘텐츠를 제작하고 퍼스널 브랜딩에 투자합니다.
- 연습보다 실전, 실전보다 복기(리뷰)에 집중합니다.

〈3개월 몰입 플랜〉 체크리스트

[1] 시간 배분 점검

  □ 하루 일정에서 성장 활동 시간이 몇 %인지 확인하였습니까?

  □ 불필요한 약속, 만남, 소비를 줄였습니까?

□ 하루 최소 1시간 이상 자기 성장에 투자하였습니까?

(2) 성장 환경 구축

□ 아침 일찍 출근하여 하루를 계획하였습니까?

□ 빈 시간을 독서, 기술 복습, 콘텐츠 제작에 활용하였습니까?

□ 고객 피드백을 기록하고 개선 포인트를 찾았습니까?

(3) 관계와 네트워크

□ 현재 성장에 도움이 되는 사람들과 주로 시간을 보냈습니까?

□ 진짜 친구와의 관계를 이해와 응원 속에 유지하였습니까?

(4) 피드백 & 복기

□ 실전 시술 후 복기(리뷰)를 하였습니까?

□ SNS 퍼스널 브랜딩 활동을 꾸준히 하였습니까?

지금의 나를 지우고, 하이퍼포머로 덮어쓰기

항목	내용
핵심 주제	성장, 몰입, 선택과 집중
의도	디자이너 데뷔 초기, 성장 가속화를 위해 생활 습관, 인간관계의 구조조정 필요성을 전달하자.

문제 인식	초반 3개월이 성패를 좌우하는 시기지만, 많은 디자이너가 '평소의 생활 패턴'을 그대로 유지하며 성장하지 못한다.
제안	단 3개월 만이라도 '기회비용'을 감수하고, 자기만의 루틴과 성장에 몰입하자.
프레임	지금 즐거움을 나중으로 미루고 성장하려는 사람의 선택은 결국 만족과 더 큰 자유를 만든다.

놀고 싶은 마음, 만나고 싶은 사람, 미루고 싶은 오늘을

단 3개월 만 뒤로 미뤄보세요.

단 3개월, 몰입에 올인해 보세요.

당신의 1년 후는 지금보다 훨씬 더 멋진 모습으로 완성되어 있을 것입니다.

4
기술과 서비스의 차이

"고객이 곧 헤어 디자이너의 '존재 증명'이다."

[1] 고객이 있어야 서비스가 시작됩니다.

미용 서비스는 생산과 소비가 동시에 일어나는 비분리성 현장 서비스입니다. 공산품처럼 미리 만들어 쌓아둘 수 없으며, 고객이 의자에 앉는 순간부터 생산이 시작됩니다. 고객이 없으면 기술도, 제품도, 공간도 아무 의미가 없습니다.

[2] 고객이 곧 나의 존재 이유입니다.

헤어 디자이너에게 고객은 단순한 매출 수단이 아닙니다. 그들은 나의 기술을 증명하는 존재이며, 시장에서의 생존 지표입니다. 아무리 뛰어난 기술을 가지고 있어도 찾아주는 고객이 없다면 시장에서의 가치는 '0'입니다.

고객 수 = 나의 시장 가치

고객이 있어야만 서비스도, 성장도, 성과도 존재합니다.

(3) 기술은 준비하는 것, 가치는 선택받는 것

기술은 혼자서도 연습하고 다듬을 수 있습니다. 하지만 가치는 고객의 선택을 통해서만 입증됩니다. 그래서 지금, 이 순간 나를 찾아주는 단 한 명의 고객이 가장 현실적인 존재 증명입니다.

(4) 기억해야 할 문장

'고객이 없으면 아무 일도 일어나지 않는다.' 고객이 곧 당신의 브랜드이자 존재 이유입니다. 기술은 준비할 수 있지만, 서비스는 고객이 있어야 존재합니다.

태도가 곧 경쟁력이다.

(1) 기술이 전부일까요?

헤어 디자이너에게 '기술'은 기본 중의 기본입니다. 그러나 기술은 고객이 당연히 기대하는 출발점일 뿐, 그 위에 무엇을 더하는지가 진짜 경쟁력을 결정합니

하이퍼포머 헤어 디자이너로 살아남는 법

다. 고객은 단순히 머리를 잘하는 사람보다, 나를 편안하게 해주고 믿을 수 있는 사람을 찾습니다.

(2) 고객이 찾는 진짜 이유

고객이 재방문하는 이유는 펌이나 염색을 잘해서만이 아닙니다. 그들이 느낀 편안함, 신뢰, 배려, 유쾌한 경험이 핵심입니다. 서비스의 본질은 이런 곳에 숨어 있습니다.

- 고객과의 대화에서 느껴지는 진심
- 고민을 들어주는 자세
- 한 번 더 확인해 주는 섬세함
- 지난 대화를 기억하는 디테일

기술은 모방할 수 있어도, 태도는 복제할 수 없습니다.

(3) 태도는 서비스의 핵심입니다.

인성, 배려, 공감, 경청, 책임감 등 서비스 정신은 결국 '태도'로 드러납니다.
아무리 기술이 뛰어나도,

- 말투가 거칠거나
- 무관심하거나
- 성의 없는 태도를 보이면

그 고객은 다시 오지 않습니다. 기술은 기능이고, 서비스는 감정입니다.

감정을 움직이는 디자이너가 선택받습니다.

(4) 하이퍼포머는 태도로 말합니다.

하이퍼포머 디자이너들의 공통점은 다음과 같습니다.
• 고객 입장에서 먼저 생각합니다.
• 미소와 눈 맞춤을 기본으로 합니다.
• 문제 발생 시 책임을 미루지 않습니다.
• 감정이 아닌, 태도로 반응합니다.
이러한 작은 행동들이 브랜드가 되고, 고객의 기억 속에 강하게 남습니다.

(5) 기술과 태도의 균형

기술과 서비스는 자동차의 양 바퀴와 같습니다. 한쪽만 커도, 한쪽만 멈춰도 앞으로 나아갈 수 없습니다. 균형 있게 성장할 때 진짜 하이퍼포머가 됩니다.

"기술은 실력이고, 서비스는 태도이며, 태도는 결국 당신을 브랜드로 만듭니다."

5
떠난 멘탈을 잡아라

"누구에게나 슬럼프는 찾아온다.

그래서 우리는 슬럼프를 넘어서는 회복의 기술이 필요하다."

[1] 번아웃은 누구에게나 찾아온다.

헤어 디자이너라는 직업은 체력뿐 아니라, 정신·감정 에너지까지 소모하는 일
입니다.

- 고객의 눈치
- 동료와의 긴장감
- 성과 압박
- 반복되는 루틴 속 무기력

어느 순간 멈추고 싶고, 아무것도 하기 싫을 때가 찾아옵니다.

그것이 바로 번아웃이며, 때로는 슬럼프로 나타납니다.

[2] 잠시 멈춤은 괜찮다.

이럴 땐 무작정 버티기보다 리프레시 타임이 필요합니다.

• 혼자만의 여행, 산책

• 글쓰기, 감정 정리

• 오래된 다이어리 펼쳐보기

• 미용을 처음 시작했던 사진 다시 보기

잠시 멈추는 시간은 도망이 아니라, 회복을 위한 선택입니다.

[3] 이 길을 선택한 나를 믿자.

슬럼프는 '나는 이 길이 맞나?'라는 질문과 함께 옵니다.

그 질문조차 진지하게 살고 있다는 증거입니다.

쉽게 시작하지 않았고, 쉽게 여기까지 오지 않았습니다.

지쳤다는 건, 지금껏 고군분투하며 최선을 다했다는 뜻입니다.

[4] 초심을 다시 꺼내 보자.

하이퍼포머 헤어 디자이너로 살아남는 법

우리가 자주 잊는 네 글자가 있습니다.

바로 초심불망(初心不忘), 처음의 마음을 잊지 않는다는 뜻입니다. 헤어 디자이너에게 초심은 단순한 시작의 기억이 아닙니다. 처음 가위를 잡던 순간의 설렘, 고객 한 명을 맞이하며 떨리던 손끝, 배우고 싶어 밤을 새우며 기술을 익히던 간절함, 그 모든 것이 지금의 나를 만든 뿌리입니다.

현장에서 마주하는 어려움과 흔들림은 결국 내가 그만큼 오래 버텨왔다는 증거입니다. 그럴 때일수록 다시 초심불망을 떠올려야 합니다. 왜 이 길을 선택했는지, 무엇을 위해 노력해 왔는지를 잊지 않는 태도는 위기를 지나 성장으로 가는 힘이 됩니다. 하이퍼포머는 힘들 때마다 초심을 불러내어 자신을 다잡습니다. 처음의 설렘을 잊지 않는 사람이 결국 오래가고, 끝내 성과를 만들어냅니다.

(5) 멘탈 회복 3가지 습관

① 감정 기록 → 하루 5분, 현재 감정을 적어 보세요.
② 작은 성취 체크 → 하루 한 명의 고객이 웃고 갔다면 충분합니다.
③ 미래와 연결된 하루 → 오늘의 선택이 '하이퍼포머 디자이너'로 이어진다는 것을 기억하세요.

체력이 멘탈을 지탱한다.

저에게는 20년 가까이 아침 수영을 꾸준히 해오신 선배가 계십니다. 처음에는 미용실 근무 중 허리 통증 때문에 시작했다고 합니다. 어느 날 기회가 되어 함께 수영을 해본 적이 있었는데, 그분은 이렇게 말했습니다.

"몸이 버텨줘야 마음도 버티더라."

슬럼프는 단순히 정신의 문제가 아니라, 체력의 문제이기도 합니다. 몸이 건강하면 회복 속도가 빨라지고, 작은 스트레스에도 쉽게 무너지지 않습니다. 그래서 저는 헤어 디자이너들에게 본인만을 위해 꾸준히 할 수 있는 하나의 운동을 꼭 권하고 싶습니다. 수영이든, 달리기든, 요가든 상관없습니다. 그것이 몸을 단련하는 동시에, 멘탈 회복의 토대가 됩니다.

멘탈 회복 공식은 '인정-휴식-습관-체력'입니다.
몸이 회복력을 키워주고, 습관이 멘탈을 지탱하며,
결국 태도가 슬럼프를 넘게 만듭니다.

하이퍼포머 헤어 디자이너로 살아남는 법

6

일머리와 잔머리의 차이

"하이퍼포머는 일의 본질을 안다."

일하는 과정에서 우리는 두 부류의 디자이너를 만납니다.
성과를 만들어내는 '일머리형' 디자이너와
상황을 모면하려는 '잔머리 형' 디자이너입니다.

그 기준은 단순합니다.
고객 중심으로 일하느냐, 자기중심으로 일하느냐입니다.

[1] 일머리형 디자이너

• 고객의 관점에서 문제를 바라봅니다.

- 반복되는 일을 성찰하고 개선하여 시스템화합니다.

- 일의 흐름과 목적을 이해하고, 성과를 미리 계획합니다.

- 잘못이 생기면 환경 탓 대신 리뷰하고 조정합니다.

- 일의 과정을 통해 지속 가능한 성과를 만드는 프로페셔널입니다.

(2) 잔머리형 디자이너

- 자신의 편리함을 기준으로 고객을 응대합니다.

- 반복되는 일을 지루해하며 회피로 대응합니다.

- 문제가 생기면 환경, 고객, 동료 탓을 합니다.

- 피드백은커녕 결과 자체를 부정하며 문제를 회피합니다.

- 성과는 운에 맡기고, 책임은 피하는 아마추어입니다.

프로페셔널과 아마추어, 무엇이 다른가?

구분	프로페셔널	아마추어
관점	고객의 관점에서 생각하고 행동	자기중심적 관점에서 일함
문제 발생 시	리뷰하고 개선하며 해결책을 찾음	핑계를 대고 변명으로 회피
성과에 대한 태도	반복할 수 있는 성과를 만들어냄	운에 의존하거나 결과에 무책임
학습과 성장	피드백을 수용하고 변화함	고집스럽고, 수용하지 않음
일의 자세	책임을 지며 성장하려 함	책임 회피, 현실 탓을 함

기억하세요.

하이퍼포머 헤어 디자이너로 살아남는 법

기술은 배울 수 있지만, 일머리는 태도에서 비롯됩니다.
하이퍼포머는 고객의 문제를 자신의 문제로 받아들이고,
매 순간 개선과 성장을 선택합니다.

일머리는 센스가 아니다?

매장에서 일하다 보면 자주 듣는 말이 있습니다.

"쟤는 센스가 좋아."

"쟤는 눈치가 없어."

"쟤는 일머리가 없어."

그러나 진짜 일머리는 센스나 눈치가 아닙니다.
센스와 눈치는 순간 대처 능력일 뿐,
성과로 연결되는 일의 힘과는 다릅니다.

일머리는 경험으로 만들어진다.

타고나는 것이 아니라,
관찰 → 기록 → 반복 → 개선의 과정을 통해 완성됩니다.
센스는 순간을 살리고, 일머리는 경력을 만들고,
하이퍼포머는 잔머리 대신 일머리를 선택합니다.

일머리의 핵심

• 우선순위 판단력 : 어떤 일을 먼저 해야 성과가 극대화되는지 아는 능력

- 맥락 이해력 : 흐름을 읽고 상황을 조율하는 힘
- 가치 창출력 : 고객과 매장 모두에 이익을 만드는 행동

잔머리는 눈앞만 본다.

반대로 '잔머리'는 즉흥적 생존 전략에 불과합니다.

"어떻게 빠져나갈까?"

"어떻게 적게 하고 많이 받을까?"

"일단 오늘만 넘기자."

잔머리의 결과

- 관계를 해친다.
- 장기 성과를 막는다.
- 성장의 발목을 잡는다.

일머리와 잔머리의 결정적 차이

- 잔머리 : 내일을 버리고 오늘만 살아남는 전략
- 일머리 : 오늘의 행동으로 미래의 성과를 준비하는 전략

하이퍼포머의 일머리 사용법

헤어 디자이너의 일머리는 단순히 기술 숙련도가 아닙니다.

고객 경험 전 과정에서 흐름을 설계하고 완성하는 능력입니다.

- 예약 시간과 시술 흐름을 설계한다.

- 고객 응대 타이밍을 조율한다.

- 시술 중 대화와 마무리 디테일을 챙긴다.

- 다음 방문을 자연스럽게 유도한다.

이 모든 과정의 핵심은 일의 흐름을 읽고 조율하는 힘,
바로 '일의 맥'을 잡는 능력입니다.

나를 돌아보는 객관적 체크리스트 (Self Review)

☐ 오늘 내가 한 제안은 고객 관점이었나?

☐ 나는 고객의 재방문을 설계하며 시술하는가?

☐ 나는 일이 몰릴 때 우선순위를 조정할 수 있는가?

☐ 문제 발생 시 나는 리뷰했는가, 변명했는가?

☐ 반복된 문제를 개선하기 위해 기록을 하고 있는가?

☐ 나는 동료와의 협업 시, 나만의 기준이 아닌 흐름을 고려하는가?

☐ 나는 지금 프로로 일하고 있는가, 아마추어처럼 머물러 있는가?

"일의 결과는 곧 태도의 결과다.
결국, 일머리는 태도다. 성과는 태도가 만든다."

7

습관이 결과를 지배한다

우리는 후회할 줄 알면서도 왜 같은 행동을 반복할까요?
그 이유는 결국 습관 속에 살고 있기 때문입니다.

생각보다 먼저 행동

무심코 이어가는 작은 행동이 습관이 되고,
습관은 우리의 생각과 태도를 바꾸며,
결국 인생의 방향까지 바꿉니다.
결과를 만드는 것은 거창한 결심이 아니라,
반복되는 행동입니다.
그래서 습관은 두려울 만큼 강력한 힘을 가집니다.

생각을 현실로 만드는 법

입 밖으로 꺼내지 않은 생각은 실체가 없습니다.

• 말로 선언하기 : 의지를 소리 내어 말하면 실행 확률이 높아집니다.

• 기록하기 : 종이에 쓰는 순간, 추상적인 생각이 구체적인 계획이 됩니다.

• 행동하기 : 실행이 있어야 결과가 남습니다.

하이퍼포머의 습관 루틴

① 아침 자기 선언 (1줄)

"오늘 고객을 감동하게 할 준비가 되어 있다."

"오늘 하루 최고의 기술과 서비스로 경쟁한다."

② 오늘의 3가지 실천

• 고객맞이 인사

• 예약 고객 정보 사전 파악

• 제안 메뉴 1회 이상

③ 주간 리뷰 질문

• 이번 주 반복한 습관은 무엇인가?

• 불필요하게 소모한 습관은 없었나?

• 가장 자랑스러운 습관은 무엇인가?

습관은 설계하는 것

좋은 습관은 우연히 생기지 않습니다.

의도적으로 만들고, 지속적으로 조정해야 합니다.

습관 → 정체성 → 성과

지금 당신은 반복한 행동의 총합입니다.

좋은 습관이 당신을 하이퍼포머로 이끕니다.

습관을 실천하는 루틴 1 - 고객 기록 관리 (부록-워크시트 7)

목표 : 하루 응대 고객 + 기록으로 경영관리

형태 : 1차 워크시트에 작성, 2차 CRM 고객 4C 분석으로 재정리하면서 기록 경영을 합니다.

하이퍼포머 헤어 디자이너로 살아남는 법

순서	날짜	고객명 (+뒷번호)	시술 메뉴	결제 금액	상담 내용 (고객 4C 분석)			
					방문 동기	상담 내용	시술 레시피	재방문 제안
1								
2								
3								
4								
5								
•								
•								
•								

→ 이 루틴이 주는 의미는 자기 경영의 시작이다.

두 번에 반복된 기록으로 나를 찾는 고객의 특징을 기억하는 것입니다. 이러한 기록은 시간이 흐르면서 축적의 양에 따라 성과의 속도가 달라집니다.

〈그림8〉 4C 분석 작성 예시

▶ 하루 응대 고객 + 기록으로 경영 관리하라.

▶ CRM > 고객정보 > 메모 > 고객 4C 분석 재정리하면서 기록 경영을 합니다.

no	날짜	고객명(+핫번호)	시술메뉴	결제금액	고객 4C 분석 (①방문 동기) 〈②상담 내용〉 ③시술 메시지〉 ④재방문 제안)
1	3/29	홍○○님 (1281)	마사지 + 싸닝	228,000	
2	7/30	김○○님(2463)	커트	25,000	
3	7/30	김○○님 (1884)	마사지 + 싸닝	228,000	
4	8/1	오○○님 (446)	싸닝	198,000	
5	8/5	황○○님 (181)	마사지 + 싸닝	228,000	
6	9/4	이○○님 (412)	염색	142,000	
7	8/14	신○○님 (690)	싸닝	98,000	
8	9/6	장○○님 (282)	커트	25,000	
9	9/20	고○○님 (5114)	싸닝	98,000	
10	9/6	노○○님 (121)	싸닝	152,000	

습관을 실천하는 루틴 2 - One-Day Ten Copy 300 (부록-워크시트 8)

목표 : 하루 10문장 따라 쓰기 + 자기 점검 체크

형태 : 하루 1장씩, 10문장을 적고 실천 여부를 스스로 점검한다.

• 매일 10개의 문장을 필사한다.

• 각 문장을 기준으로 하루 행동을 돌아본다.

• 체크리스트를 통해 습관을 점검하고 루틴을 다잡는다.

no.	One-Day Ten Copy	년 월 일
1	긍정적인 마음으로 하루를 시작했는가?	
2	고객의 지난 시술 기록을 확인하였는가?	
3	오늘 동료와 협력할 부분을 미리 점검하였는가?	
4	첫 순간부터 고객이 나를 신뢰할 수 있었는가?	
5	고객의 대화 속 숨은 니즈를 포착했는가?	
6	고객의 모발 상태에 맞는 약제를 선택하였는가?	
7	고객의 모발에 맞는 솔루션을 제공하였는가?	
8	오늘 시술로 성장 포인트를 얻었는가?	
9	고객의 상담 내용을 구체적으로 기록하였는가?	
10	고객이 행복하게 집으로 돌아갔는가?	

→ 이 루틴이 주는 의미는 자기 객관화의 시간이다.

하루 10문장, 30일이면 300문장, 이 작은 누적이 당신의 마인드셋을 완전히 바꾸는 습관을 만듭니다. One-Day Ten Copy Check list는 그 출발점입니다.

습관의 힘은 누적에서 나온다.

기록하는 습관 : 머릿속이 아닌 손으로 반복합니다.

말하는 습관 : 말해야 실체가 완성됩니다.

점검하는 습관 : 기록과 피드백이 함께 진행됩니다.

"결과를 바꾸려면 먼저 행동하라. 작은 습관이 당신의 삶을 바꾼다."

습관이 성과를 결정한다.

사람은 생각으로 변하지 않습니다.

행동이 반복되어 습관이 되고,

습관이 성과와 성장을 결정합니다.

실행하지 않은 생각은 의미가 없습니다.

입 밖으로 꺼내고, 써보고,

매일 실천하는 사람만이 진짜 변화를 만듭니다.

〈그림9〉 One-Day Ten Copy 작성 예시

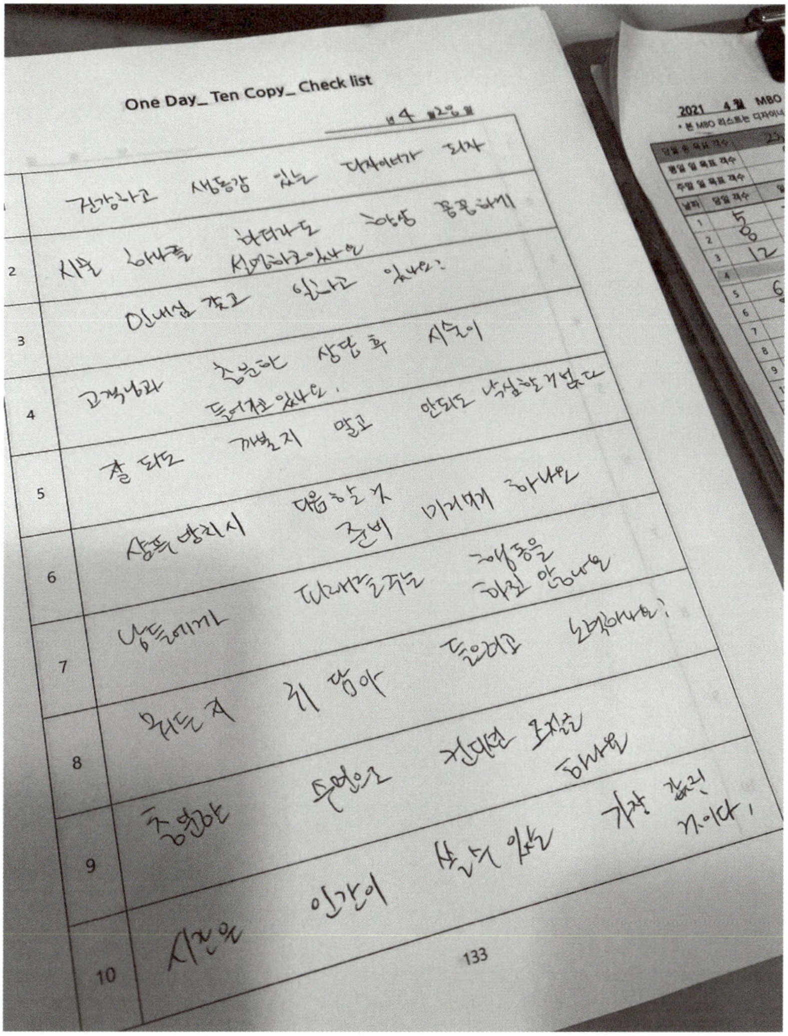

고객이 많아지면 달라지는 것들

"미용업의 본질은 시술이 아니라, 관계다.
그리고 그 관계의 결과가 바로 '재방문'이다."

처음 헤어 디자이너로 일할 때는
고객 한 명, 예약 한 건이 그렇게 간절합니다.
손님이 들어오지 않으면 하루가 길고,
예약이 잡히면 그 하루가 설렙니다.

하지만 시간이 쌓이고, 경력이 쌓이면서
신규 고객보다 고정 고객이 점점 많아집니다.
그 과정에서 자연스럽게 이탈 고객도 생깁니다.

그러다 어느 순간, 고객의 수가 일정 수준을 넘어가면

상황은 완전히 달라집니다.

하루에 시술할 수 있는 인원은 한정되어 있고,

체력도, 집중력도 무한하지 않습니다.

그 한계선에서 관리하지 못하는 고객이 생기기 시작합니다.

그들이 바로, 조용히 떠나는 이탈 고객입니다.

이때부터는 단순히 '잘하는 것'만으로는 부족합니다.

머리를 예쁘게 해주는 실력만으로는

고객이 계속 머무르지 않습니다.

이제는 고객이 반복해서 '다시 오게 만드는 이유'를 설계해야 합니다.

그것이 바로 '재방문' 시스템입니다.

진짜 성장은 고객이 한 번 왔다 가는 순간이 아니라,

그들이 다시 돌아올 때부터 시작됩니다.

시술이 아닌 관계, 기술이 아닌 신뢰,

그 축적이 결국 당신의 브랜드가 됩니다.

재방문율이 매출에 미치는 영향   (3개월 단위 재방문 주기/연)

고객 수	객단가	재방문율	방문 횟수	매출
100명	8만 원	30%	1.9회	1,520만 원

100명	8만 원	60%	2.8회	2,240만 원
100명	8만 원	90%	3.7회	2,960만 원

→ 재방문율이 30% → 60%로 오르면,

고객 수와 객단가가 그대로여도 연 매출이 47% 이상 상승합니다.

90%에 도달하면 '신규 마케팅 없이도' 매출이 약 94% 가까이 증가합니다.

재방문율을 높이는 행동 리스트

[1] 시술 전
- 예약 고객의 지난 시술 기록 확인 (메모·사진)
- 오늘 시술 목표와 스타일 방향 사전 공유
- 계절, 트렌드, 모발 상태에 맞는 추천 메뉴 1가지 제안

[2] 시술 중
- 고객 관심사 맞춤 대화로 관계 강화
- 다음 시술에 필요한 관리 포인트 자연스럽게 설명
- 시술 과정과 제품 정보 스토리텔링 방식 전달

[3] 시술 후
- 포토존에서 완성 컷 촬영 및 고객에게 전달
- 다음 방문 추천 시기 명확하게 안내 (예 : 6주 후 커트 리프레시)

• 예약 확정 혹은 리마인드 알람 등록

고객이 많아지면 달라져야 하는 것들

(1) 기억에서 기록으로 – 고객 관리의 체계화

고객 수가 늘면 머릿속 기억에 의존하는 데 한계가 있습니다.

• CRM, 메모, 캘린더 등을 통한 고객 기록

• 이름, 기호, 시술 이력, 스타일 요청을 축적

→ 재방문율을 높이는 기반이 됩니다.

(2) 시간 관리 = 수익 관리

고객이 많아질수록 시술 시간 관리가 곧 매출 관리입니다.

• 효율적인 동선 설계

• 사전 상담·준비의 정확성

• 파트너와의 유기적 협업

(3) 클레임 대응은 니즈 파악부터

고객이 늘면 클레임도 자연스럽게 발생합니다.

• 감정적 대응 대신 문제의 본질 파악

• 피드백을 서비스 개선에 반영

(4) 정리·정돈 = 생산성

고객 수가 많을수록 작업 동선, 제품, 시술 도구 위치,

마감 정리의 중요성이 커집니다.

→ 준비가 빠르고 체계적인 디자이너일수록 신뢰가 쌓입니다.

[5] 나에서 너로, 개인에서 팀으로

더 이상 혼자 감당할 수 없습니다.

• 어시스트, 동료 디자이너, 리셉션과의 협업

• 개인이 아닌 시스템 속 전문가로 역할 재정립

[6] '감'이 아닌, '숫자'로 목표 설계

목표와 전략은 감이 아니라, 데이터로 세웁니다.

• CRM 기반의 고객 유형 분석

• 주력 메뉴 설정과 집중 포인트 선정

[7] 하이퍼포머 성과 내비게이션 PDCA

고객이 많아질수록 체계적인 프로세스가 필요합니다.

프로세스는 방향을 세우는 일이며,

방향이 있어야 목적지에 도착할 수 있습니다.

방향 설정은

① 목표 설정 → ② 실행 루틴 → ③ 성과 모니터링 → ④ 자기평가 리뷰 →

⑤ 피드백 적용 → ⑥ 목표 재조정 → 다시 실행 순으로 설계합니다.

하이퍼포머 헤어 디자이너로 살아남는 법

지속 가능한 성장 전략 PDCA

단계	목적	Self-Growth 설계 프로세스
Plan (계획)	목표설정, 전략수립	① 목표 설정(GOAL SETTING) 　- MBO 목표에 의한 관리 　- KPI 핵심 지표 설정 　- 실행 루틴(ACTION PLAN) 설계 　- CSF 성공의 핵심 요인 　- 시간·에너지 분배 계획
Do (실행)	계획한 대로 실행	② 실행 루틴(ACTION PLAN) 　- 매일/주간/월간 실천 적용 　- 고객 응대, SNS 콘텐츠, 후속 관리 진행 　- 기술/서비스 퀄리티 관리 　- 제안력·업셀링 전략 실천 　- 자기 계발 분야 영역 실천
Check (점검)	결과검토, 성과분석	③ 성과 모니터링(TRACKING) ④ 자기평가 리뷰(REVIEW) 　- 일일/주간/월간 성과 평가 　- 고객 수·재방문율·객단가 점검 　- CSF 성공의 핵심 요인 파악 　- 비성과(클레임·노쇼·거절 등) 분석 　- CRM 데이터 기반 피드백 확인
Action (조정)	개선 행동 실행	⑤ 피드백 적용(ADJUST) ⑥ 목표 재조정(REFINE) 　- 다음 보완 및 재설계 　- 방향 수정(고객 수, 매출, 응대, 콘텐츠 방식 등) 　- BSC 균형적 다각도 평가, KPI 정량적 평가 　- 실패 원인 보완하고 리소스 재배치 　- 목표 재조정 후 P단계로

→ 하이퍼포머 성장은 '계획 → 실행 → 점검 → 조정'의 루틴 안에서 완성된다.

PLAN	내가 가고자 하는 목표는 무엇인가?
DO	그 목표를 위해 지금 어떤 행동을 하고 있는가?
CHECK	나는 지금 어디쯤 와 있고, 어떤 점이 부족한가?
ACTION	다음엔 무엇을 바꿔야 더 잘할 수 있을까?

하이퍼포머의 매출 공식

많아진 고객은 단순한 숫자가 아니라, 당신의 실력에 대한 시장의 신뢰 지표입니다. 고객 수가 늘수록 요구되는 것은 더 높은 수준의 테크닉, 자기관리, 시스템 구축, 관계 기술입니다. 하이퍼포머는 고객 증가를 '버거움'이 아니라, 운영의 영역으로 전환합니다. 그리고 그 운영의 핵심은 재방문과 추천 소개를 끌어내는 태도와 시스템입니다.

공식의 변화

1단계 : 유입 기반

매출 = 고객 수 × 객단가

고객을 확보하고, 실력을 축적하며, 자기만의 루틴을 형성하는 시기입니다.

하이퍼포머 헤어 디자이너로 살아남는 법

2단계 : 안정화 기반 (하이퍼포머 공식 1.0)

매출 = 고객 수 × 객단가 × 재방문율

재방문율이 더해져야 매출은 '지속성'을 갖습니다.

재방문 고객 관리가 이루어질 때, 매출 구조는 안정적으로 관리됩니다.

3단계 : 자산화 기반 (하이퍼포머 공식 2.0)

매출 = (고객 수 × 객단가 × 재방문율) × (소개 + NPS)

재방문 고객이 신규 고객을 데려오는 선순환 구조가 가장 안정적입니다.

시스템이 알아서 성장시키는 구조가 됩니다.

다시 찾게 만드는 시스템이 곧 하이퍼포머의 경쟁력입니다.

다시 찾는 고객이 많아질수록, 당신의 이름은 브랜드가 됩니다.

※ NPS(Net Promoter Score)는 고객이 우리를 지인에게 추천할 의향이 얼마나 되는지를 0~10점으로 측정해 고객 충성도를 나타내는 지표입니다.

〈부록〉

성과 달성을 위한
워크 시트

이 책의 내용을 실천으로 연결하세요.

'성과 달성을 위한 워크시트' PDF 파일은 저자의 블로그에서 다운받을 수 있습니다.

아래 QR 코드를 스캔하면 바로 다운로드 페이지로 이동합니다.

오늘부터 직접 기록하고 실행하며, 당신만의 하이퍼포머 시스템을 완성해 보세요.

하이퍼포머 헤어 디자이너로 살아남는 법

(워크시트 1) 일/주 단위로 성과 루틴을 점검하는 체크리스트

항목	월	화	수	목	금	토	일	체크
오늘 목표 고객 수								주 5회 이상
오늘 제안한 고객 수								목표: 일 3명 이상
고객 피드백 메모 작성								루틴화
SNS 콘텐츠 업로드								주 3회 이상
매출 현황 정리								매일 5분
일일 자기 성장 노트								자기 강화

(워크시트 2) One-Day 체크리스트

Hi 페포먼스 ( )월 One-Day 체크리스트

질문	01	02	03	04	05	06	07	08	09	10	11	12	13	14	15	16	17	18	19	20	21	22	23	24	25	26	27	28	29	30	31
01. 오늘 하루를 일찍 시작하셨나요?																															
02. 밝은 목소리로 인사를 하셨나요?																															
03. 메이크업과 이성은 최상의 상태였나요?																															
04. 지정 도서 10장 이상 독서하셨나요?																															
05. 연습 및 공부는 하셨나요?																															
06. 고객님께 서비스 케어를 잘하셨나요?																															
07. 고객님과 눈을 맞추고 대화하셨나요?																															
08. 고객님 이름을 3번 이상 불렀나요?																															
09. 오늘 고객님께 칭찬은 하셨나요?																															
10. 오늘 고객님께 다음 스타일을 제안하셨나요?																															
11. 이벤트·신설권 등을 제안하셨나요?																															
12. 리테일(회원권 등을 제안하셨나요?																															
13. 고객님께 소개 요청을 하셨나요?																															
14. SNS에 콘텐츠를 업로드하셨나요?																															
15. 4C 분석 작성하셨나요?																															
16. 시술 후 고객 후기를 요청하셨나요?																															
17. 문밖 배웅을 정성스럽게 하셨나요?																															
18. 동료를 위해 도움을 주셨나요?																															
19. 내일 예약 고객 리스트를 확인하셨나요?																															
20. 오늘 일할 체크사항을 모두 작성하셨나요?																															

※4C 분석 ①방문 동기 ②상담 내용 ③시술 레시피 ④재방문 제안

(워크시트 3) 일일 자기 성장 노트

일일 자기 성장 노트

항목	내용
잘한 것 (오늘 내가 잘해낸 행동이나 고객 반응)	
아쉬운 것 (오늘 놓쳤거나 미흡했던 부분)	
내일의 실천 (아쉬운 점을 개선하기 위한 구체적 예산)	
오늘의 고객 인사이트 (대화에서 나·거절 경험에서 배운 점)	
성과 지표 한 줄 (매출·고객 수·제안한 횟수 등)	□ 매출: _____ □ 고객 수: _____ □ 제안: _____
하이퍼포머 루틴 체크 (오늘 지킨 루틴 1가지 표시)	□ 아침 자기 선언 □ 제안 멘트 □ SNS 업로드 □ 기타: _____
배움과 성장 메모 (책·연습·강의에서 얻은 깨달음)	
감사의 한 줄 (고객·동료·스스로에게 감사한 점)	

(워크시트 4) 전월 성과 진단 리뷰

전월 성과 진단 리뷰			
고객 수		매출	

◇ 지난달과 비교해 변화가 있었던 이유는 무엇인가요?

◇ 지난달에 가장 집중했던 것은 무엇인가요?

◇ 예상했던 결과 vs 실제 발생한 결과-차이점은?	◇ 실행과정에서 예상치 못한 부분은 무엇인가요?

◇ 지난달과 비교해 변화가 있었던 이유는 무엇인가요?

하이퍼포머 헤어 디자이너로 살아남는 법

(워크시트 5) MBO 일일 역산 표

(월) MBO Daily Backward Plan			이달 영업 일수			
총 목표 고객 수			총 목표 매출			
평균 일 고객 수			평균 일 매출			
평일/주말 고객 수			평일/주말 매출			
일	①일 고객 수	②(+/-)고객 수	③총 남은 고객 수	일	④일 매출	⑤(+/-)매출	⑥총 남은 매출
1				1			
2				2			
3				3			
4				4			
5				5			
6				6			
7				7			
8				8			
9				9			
10				10			
11				11			
12				12			
13				13			
14				14			
15				15			
16				16			
17				17			
18				18			
19				19			
20				20			
21				21			
22				22			
23				23			
24				24			
25				25			
26				26			
27				27			
28				28			
29				29			
30				30			
31				31			
미만				미만			
초과				초과			

(워크시트 6) GPS 월간 목표

GPS (　　)월간 목표

나의 슬로건 (　　　　　　　　　　　　　　　　　　　　**)**

1. 단기 목표-성공은 능력이 아니라 실행이 결정한다.

구분	1차 목표(설정)	2차 목표(조정)	실천 및 방법
월 매출			
고객 수	일) 월)	일) 월)	
지명 고객	일) 월)	일) 월)	
점판/판매			
시그니처 메뉴			
(월) 수입			

2. 장기 목표-내일은 오늘 무엇을 했느냐에 따라 달라진다.

[목표] 하고 싶은 것 업무, 개인, 매장 (고객, 자기 계발, 팀워크)	실천 및 방법
1)	
2)	
3)	
이달의 책 (한 줄 작성)	본 것: 깨달은 것: 적용할 것:

3. 피드백-이번 달 계획 중 성공한 부분이나 아쉬운 점을 적어 보세요.

성공 원인	아쉬운 부분

(워크시트 7) 고객 4C 분석

▲ 하루 응대 고객 + 기록으로 경영 관리하라.

▲ CRM 〉 고객정보 〉 메모 〉 고객 4C 분석 재정리하면서 기록 경영을 합니다.

no	날짜	고객명(+뒷번호)	시술메뉴	결제금액	(고객 4C 분석) ①방문 동기〉②상담 내용〉③시술 레시피〉④재방문 제안〉
1					
2					
3					
4					
5					
6					
7					
8					
9					
10					

①나를 찾아오게 된 계기 : 소개, 재방문 경우 등 ②원하는 스타일, 이미지, 고민 사항 ③모발 상태, 진행 설명, 시술 진행과 사용한 제품 레시피 ④대화한 내용, 다음 방문 할 제안 레시피 및 다음 방문 포인트 및 타이밍

(워크시트 8) One-Day Ten Copy

One-Day Ten Copy 체크리스트

_____ 월 _____ 일

1	
2	
3	
4	
5	
6	
7	
8	
9	
10	

하루의 태도와 행동이 내 성과를 만든다.

300문항으로 스스로를 점검해 보세요.

<1> 아침 루틴 & 자기관리

1. 오늘 아침 제시간에 일어났는가?

2. 30분 일찍 출근했는가?

3. 아침 청소를 철저히 했는가?

4. 오늘 하루 목표를 세웠는가?

5. 긍정적인 마음으로 하루를 시작했는가?

6. 몸과 마음의 컨디션을 점검했는가?

7. 단정한 복장과 깨끗한 유니폼을 준비했는가?

8. 개인 위생을 철저히 했는가?

9. 아침 조회에 적극적으로 참여했는가?

10. 매장 오픈 준비를 빠짐없이 마쳤는가?

11. 어제 배운 점을 오늘에 반영할 준비가 되었는가?

12. 건강 관리를 위해 운동을 했는가?

13. 스마트폰 사용을 절제했는가?

14. 웃는 훈련을 했는가?

15. 아침 스트레칭이나 호흡으로 몸을 깨웠는가?

16. 오늘 사용할 도구를 점검했는가?

17. 고객 명단을 미리 확인했는가?

18. 예약 고객의 정보를 확인했는가?

19. 고객의 지난 시술 기록을 확인했는가?

20. 오늘 필요한 제품 재고를 체크했는가?

21. 오늘의 KPI(행동 지표)를 점검했는가?

22. 오늘 집중할 한 가지 태도를 정했는가?

23. 어제 실수를 정리했는가?

24. 오늘 고객 상담 멘트를 준비했는가?

25. 오늘 제안할 스타일 아이디어를 준비했는가?

26. 오늘 소개할 홈케어 제품을 점검했는가?

27. 고객 배웅 멘트를 연습했는가?

28. 오늘 동료와 협력할 부분을 미리 점검했는가?

29. 오늘 스스로를 칭찬할 준비가 되었는가?

30. 오늘의 성장을 위해 배울 부분을 적어두었는가?

31. 고객에게 전할 감사 멘트를 준비했는가?

32. 새로운 스타일 트렌드를 확인했는가?

33. 목표 매출을 계산했는가?

34. 오늘의 시간표를 설계했는가?

35. 오늘 하루를 '마지막처럼' 최선을 다할 준비가 되었는가?

36. 자신에게 다짐을 했는가?

37. 오늘 하루를 기분 좋게 시작했는가?

38. 목표 달성 후 보상 아이디어를 정했는가?

하이퍼포머 헤어 디자이너로 살아남는 법

39. 오늘 가장 중요한 고객을 떠올렸는가?

40. 나의 태도와 말투를 점검했는가?

<2> 첫인상 & 환영

41. 고객이 들어올 때 바로 눈을 마주쳤는가?

42. 고객 이름을 한 번 이상 불렀는가?

43. 환한 미소로 맞이했는가?

44. 고객을 VIP처럼 대했는가?

45. 대기 고객에게도 관심을 보였는가?

46. 첫인사에서 따뜻한 눈빛을 보냈는가?

47. 고객이 편안함을 느끼게 했는가?

48. 동료와 함께 반갑게 인사했는가?

49. 고객의 옷이나 소지품을 챙겨주었는가?

50. 첫 만남에서 고객이 나를 기억할 포인트를 남겼는가?

51. 고객의 기분을 먼저 살폈는가?

52. 고객을 불편하게 만들지 않았는가?

53. 대기 시간이 길어지면 안내했는가?

54. 고객의 표정을 보고 응대 방식을 조정했는가?

55. 고객의 첫 마디를 경청했는가?

56. 고객이 들어올 때 다가가서 맞이했는가?

57. 첫인상에서 내 말투는 친절했는가?

58. 고객에게 환영받는 느낌을 주었는가?

59. 고객의 스타일을 바로 칭찬했는가?

60. 첫 순간부터 고객이 나를 신뢰할 수 있었는가?

61. 고객의 이름을 정확히 기억했는가?

62. 처음 온 고객에게 매장을 친절히 안내했는가?

63. 고객의 눈높이에 맞춰 말했는가?

64. 고객이 "환영받는다"는 느낌을 받았는가?

65. 고객을 반갑게 맞이하며 오늘의 분위기를 열었는가?

66. 문 앞까지 배웅하며 인사했는가?

67. 고객이 첫 순간부터 "다음에도 오고 싶다"는 마음을 가지게 했는가?

68. 내 첫인상이 고객에게 긍정적으로 남았는가?

69. 첫 순간부터 고객의 불안을 줄여주었는가?

70. 고객의 긴장을 풀어주었는가?

<3> 상담 & 소통

71. 고객의 컨디션을 확인했는가?

72. 고객의 방문 목적을 정확히 파악했는가?

73. 고객의 니즈를 열린 질문으로 끌어냈는가?

74. 고객의 말 중 핵심 키워드를 기록했는가?

75. 고객의 표정을 관찰하며 상담했는가?

76. 고객의 지난 시술 메모를 확인했는가?

77. 지난 방문 피드백을 반영했는가?

78. 고객의 라이프스타일을 고려해 제안했는가?

하이퍼포머 헤어 디자이너로 살아남는 법

79. 고객의 예산을 미리 확인했는가?

80. 시술 예상 시간을 정확히 안내했는가?

81. 예상 결과를 시각적으로 설명했는가?

82. 고객의 반응에 따라 상담 깊이를 조절했는가?

83. 고객의 모발·두피 상태를 체크했는가?

84. 고객의 니즈와 현실적인 한계를 조율했는가?

85. 상담 중 불필요한 용어를 쓰지 않았는가?

86. 고객이 이해하기 쉽게 풀어 설명했는가?

87. 상담 중 고객의 질문을 끊지 않았는가?

88. 고객의 말에 맞장구치며 공감했는가?

89. 고객의 고민에 진심으로 반응했는가?

90. 상담 내용을 다시 정리해 확인했는가?

91. 가격과 혜택을 명확히 안내했는가?

92. 고객에게 선택권을 주었는가?

93. 고객이 충분히 고민할 시간을 주었는가?

94. 고객이 안심할 수 있도록 설명했는가?

95. 고객이 걱정하는 부분을 파악했는가?

96. 고객의 스타일 취향을 물었는가?

97. 고객의 평소 손질 습관을 확인했는가?

98. 상담 후 고객이 신뢰를 느꼈는가?

99. 상담 내용을 기록했는가?

100. 고객의 대답을 놓치지 않았는가?

101. 상담 중 고객과 눈을 맞췄는가?

102. 고객의 대화 속 숨은 니즈를 포착했는가?

103. 고객의 가족·지인 언급을 기억했는가?

104. 상담 후 고객이 기대감을 가졌는가?

105. 상담 후 고객이 편안함을 느꼈는가?

106. 고객의 스타일 히스토리를 정리했는가?

107. 상담 중 불필요한 핸드폰 사용을 하지 않았는가?

108. 상담 중 긍정적인 언어를 사용했는가?

109. 고객의 질문에 성의 있게 답했는가?

110. 상담 후 고객이 웃으며 동의했는가?

111. 상담을 마무리하며 다음 단계를 안내했는가?

112. 고객이 상담을 통해 나를 신뢰했는가?

113. 상담 내용을 동료와 공유하고 함께 고민했는가?

114. 상담 후 고객이 선택에 확신을 가졌는가?

115. 상담을 통해 고객이 '내 디자이너'라는 인식을 가졌는가?

116. 상담 후 고객이 편안하게 시술에 임했는가?

117. 상담 중 고객이 공감받았다고 느꼈는가?

118. 상담 결과를 고객에게 다시 확인했는가?

119. 상담 중 고객이 즐겁게 대화했는가?

120. 상담 후 고객이 신뢰감 있게 시술을 맡겼는가?

<4> 시술 & 전문성

하이퍼포머 헤어 디자이너로 살아남는 법

121. 섹션을 정확히 나누었는가?

122. 위생 규정을 철저히 지켰는가?

123. 도구를 청결히 관리했는가?

124. 고객에게 사용하는 제품을 설명했는가?

125. 모발 상태에 맞는 약제를 선택했는가?

126. 고객의 두피를 신경 썼는가?

127. 시술 중 고객의 불편을 체크했는가?

128. 시술 과정을 단계별로 설명했는가?

129. 고객이 이해할 수 있도록 안내했는가?

130. 인스타스그램에 올릴 만한 스타일로 완성했는가?

131. 최신 트렌드를 반영했는가?

132. 고객의 니즈를 스타일에 담았는가?

133. 시술 전후 차이를 명확히 보여줬는가?

134. 시술 시간을 지켰는가?

135. 시술 중 고객의 안전을 고려했는가?

136. 시술 중 실수를 빠르게 수정했는가?

137. 약제 도포를 꼼꼼히 했는가?

138. 모발 손상을 최소화했는가?

139. 고객이 변화를 체감했는가?

140. 고객의 얼굴형에 맞게 제안했는가?

141. 시술 결과가 상담과 일치했는가?

142. 고객이 결과에 만족했는가?

143. 고객의 만족도를 확인했는가?

144. 시술 중 고객이 지루하지 않았는가?

145. 시술 중 대화를 이어갔는가?

146. 고객이 이해할 수 있도록 시각 자료를 사용했는가?

147. 고객의 감정을 배려했는가?

148. 시술이 끝난 후 고객에게 거울로 확인시켰는가?

149. 고객이 예상과 다르다고 느끼지 않았는가?

150. 최신 기술을 꾸준히 학습했는가?

151. 고객의 스타일링 시간을 줄여줬는가?

152. 고객의 니즈에 맞게 변형했는가?

153. 디테일까지 꼼꼼히 마무리했는가?

154. 고객의 스타일을 책임진다는 태도가 있었는가?

155. 고객에게 시술 후 주의사항을 설명했는가?

156. 고객이 스타일링에 자신감을 느꼈는가?

157. 시술 도중 고객과 소통했는가?

158. 고객의 재방문 가능성을 높였는가?

159. 고객의 '다음 스타일'을 설계했는가?

160. 고객의 모발에 맞는 솔루션을 제공했는가?

161. 고객의 니즈와 나의 제안을 조율했는가?

162. 최신 트렌드 컷·컬러를 연구했는가?

163. 시술 후 고객이 행복한 표정을 지었는가?

164. 고객에게 맞는 홈케어를 추천했는가?

하이퍼포머 헤어 디자이너로 살아남는 법

165. 시술 전 불안했던 고객이 만족했는가?

166. 고객이 감탄할 정도로 결과가 나왔는가?

167. 시술 후 사진 기록을 남겼는가?

168. 고객이 주변에 추천하고 싶어 했는가?

169. 나 스스로 결과에 만족했는가?

170. 오늘 시술로 성장 포인트를 얻었는가?

<5> 태도 & 관계

171. 고객을 매출 수단으로 보지 않았는가?

172. 고객에게 진심으로 다가갔는가?

173. 고객에게 칭찬을 했는가?

174. 고객의 안부를 물었는가?

175. 고객과 즐겁게 대화했는가?

176. 고객에게 신뢰를 주었는가?

177. 고객이 나를 편하게 느꼈는가?

178. 고객을 존중하는 태도를 유지했는가?

179. 고객의 감정을 귀찮아하지 않았는가?

180. 고객의 말을 경청했는가?

181. 고객의 눈을 보며 대화했는가?

182. 고객이 편안하게 불편을 말할 수 있었는가?

183. 고객에게 다정한 태도를 보였는가?

184. 고객이 나를 추천하고 싶게 만들었는가?

185. 고객이 재방문할 이유를 느꼈는가?

186. 고객에게 진심 어린 감사 인사를 했는가?

187. 고객이 나를 통해 위로받았는가?

188. 고객에게 작은 배려를 했는가?

189. 고객의 이름을 기억했는가?

190. 고객의 피드백을 반영했는가?

191. 고객의 불만을 해결했는가?

192. 고객에게 진심이 느껴졌는가?

193. 고객과 신뢰를 쌓는 말투를 유지했는가?

194. 고객의 기분을 상하게 하지 않았는가?

195. 고객의 만족을 나의 만족으로 삼았는가?

196. 고객의 눈높이에 맞게 대했는가?

197. 고객이 감동을 느꼈는가?

198. 고객을 존중하는 언어를 사용했는가?

199. 고객에게 친근하게 다가갔는가?

200. 고객이 대화를 즐겼는가?

201. 고객의 시간을 소중히 여겼는가?

202. 고객이 지루하지 않게 신경 썼는가?

203. 고객의 감정을 존중했는가?

204. 고객의 상담 내용을 구체적으로 기록했는가?

205. 고객이 나를 신뢰할 수 있다고 느꼈는가?

206. 고객이 다시 찾고 싶은 사람이 되었는가?

하이퍼포머 헤어 디자이너로 살아남는 법

207. 고객의 기념일을 확인했는가?

208. 고객의 말을 무시하지 않았는가?

209. 고객의 불안을 줄여주었는가?

210. 고객의 사소한 니즈를 잡아냈는가?

211. 고객이 '내 편'이라고 느꼈는가?

212. 고객이 시술 중 행복했는가?

213. 고객이 마지막까지 웃었는가?

214. 고객에게 작은 성의를 베풀었는가?

215. 고객에게 필요 없는 제안을 억지로 하지 않았는가?

216. 고객이 나와의 시간을 소중히 여겼는가?

217. 고객의 마음을 움직였는가?

218. 고객이 나를 좋은 기억으로 떠올렸는가?

219. 고객이 불편해하지 않았는가?

220. 고객이 나를 신뢰하는 파트너로 여겼는가?

<6> 마무리 & 사후 관리

221. 시술 후 결과를 함께 확인했는가?

222. 고객이 만족하는지 물었는가?

223. 고객에게 홈케어 방법을 안내했는가?

224. 다음 예약을 제안했는가?

225. 재방문 일정을 안내했는가?

226. 고객의 피드백을 기록했는가?

227. 고객의 불만을 해결했는가?

228. 고객의 기념일을 기록했는가?

229. 감사 인사를 전했는가?

230. 고객에게 추가 제안을 했는가?

231. 고객의 다음 스타일을 설계했는가?

232. 고객에게 시술 후 손질법을 설명했는가?

233. 고객이 시술 후 변화를 느꼈는가?

234. 고객이 사진을 남기고 싶어 했는가?

235. 고객이 나의 진심을 느꼈는가?

236. 고객이 나를 기억할 무언가를 가져갔는가?

237. 고객이 집에서 스타일링할 수 있게 도왔는가?

238. 고객이 다음에도 나를 찾고 싶어 했는가?

239. 고객이 추천할 마음을 가졌는가?

240. 고객의 스타일 히스토리를 업데이트했는가?

241. 고객의 의견을 진지하게 반영했는가?

242. 고객에게 감사 메시지를 보냈는가?

243. 고객이 "다음에도 여기 와야지!"라고 생각했는가?

244. 고객이 결과를 자랑하고 싶어 했는가?

245. 고객의 감동을 기록했는가?

246. 고객에게 진심으로 다가갔는가?

247. 고객의 니즈를 끝까지 챙겼는가?

248. 고객이 매장을 떠나며 행복했는가?

　　　　　　　　　하이퍼포머 헤어 디자이너로 살아남는 법

249. 고객의 마지막 인상을 챙겼는가?

250. 고객이 고맙다고 말했는가?

251. 고객에게 다음 이벤트를 안내했는가?

252. 고객이 나의 서비스에 감탄했는가?

253. 고객이 시술 후 더 행복해졌는가?

254. 고객의 시간을 아껴주었는가?

255. 고객이 내 서비스에 감동했는가?

256. 고객이 편안히 떠났는가?

257. 고객의 기대 이상을 주었는가?

258. 고객이 재방문을 약속했는가?

259. 고객이 신뢰감을 더 쌓았는가?

260. 고객의 재방문 이유를 설계했는가?

261. 고객의 니즈를 구체적으로 반영했는가?

262. 고객이 웃으며 매장을 나갔는가?

263. 고객의 경험을 특별하게 만들었는가?

264. 고객이 차별화를 느꼈는가?

265. 고객이 새로운 제안에 만족했는가?

266. 고객의 불편이 해소되었는가?

267. 고객의 기억 속에 남았는가?

268. 고객이 돌아가면서 "다시 오겠다" 했는가?

269. 고객이 내가 준 가치를 체감했는가?

270. 고객이 행복하게 집으로 돌아갔는가?

\<7\> 성장 & 자기 점검

271. 오늘 KPI를 확인했는가?

272. 오늘 KPI를 달성했는가?

273. 오늘 매출을 기록했는가?

274. 오늘 고객 수를 기록했는가?

275. 객단가를 점검했는가?

276. 재방문율을 체크했는가?

277. 신규 고객 수를 기록했는가?

278. 오늘 실수를 기록했는가?

279. 실수 원인을 분석했는가?

280. 오늘 배운 점을 기록했는가?

281. 오늘 잘한 점을 기록했는가?

282. 오늘 아쉬운 점을 기록했는가?

283. 오늘의 개선 포인트를 적었는가?

284. 오늘 고객 피드백을 기록했는가?

285. 오늘 리뷰를 작성했는가?

286. 내일 목표를 세웠는가?

287. 내일 실행 계획을 적었는가?

288. 오늘 루틴을 점검했는가?

289. 오늘 루틴에서 부족한 점을 수정했는가?

290. 오늘 컨디션을 기록했는가?

291. 오늘의 감정을 기록했는가?

하이퍼포머 헤어 디자이너로 살아남는 법

292. 오늘 고객 대화 중 배운 점이 있었는가?

293. 오늘 동료로부터 배운 점이 있었는가?

294. 오늘 새로운 기술을 연습했는가?

295. 오늘 트렌드를 공부했는가?

296. 오늘 성과를 동료와 공유했는가?

297. 오늘의 성장을 확인했는가?

298. 오늘을 후회 없이 보냈는가?

299. 내일을 기대하며 하루를 마무리했는가?

300. 오늘 나는 하이퍼포머에 한 걸음 다가갔는가?

하이퍼포머 헤어 디자이너를 위해서

미용실을 운영하고 관리해 오며, 수많은 날을 고민과 공부, 데이터 정리, 교육 준비, 인턴 미팅, 디자이너 미팅, 관리자 회의 등으로 채워왔습니다. 고객을 위한 결정, 직원을 위한 실행, 그리고 하루하루의 선택들이 쌓여 지금의 경험이 되었습니다. 물론 부족했던 날도 많고, 실패의 순간도 적지 않았습니다. 하지만 그 모든 순간에도 끝까지 붙들었던 건 단 하나의 마음이었습니다.

"더 나은 길이 분명 있을 거야."

그 믿음은 저를 멈추지 않게 했고, 늘 더 나은 방법을 찾게 했습니다. 그 긴 여정 속에서, 미용실에서 근무하는 매니저, 디자이너, 인턴들에게 실질적인 도움이 될 수 있는 것들이 차곡차곡 모이기 시작했고, 그렇게 쌓여 탄생한 것이 바로 '헤어 디자이너를 위한 하이퍼포머 전략' 강의였고, 이 책의 콘텐츠입니다.

미용실 운영에는 해야 할 일이 참 많습니다. 운영 매뉴얼 제작, 온라인 마케팅, 사진 촬영, 메뉴 설계, 수수료와 급여 체계, 아카데미 운영, 매월 정기 회의 및 교육, 제품 및 기술 교육, 인턴 기준안 마련, 서비스 매뉴얼 구성, 트렌드 변화에 따른 전략 수립, 독서 경영, 문화 체험, 매장별 슈퍼바이저 역할까지. 이처럼 수많은 업무와 선택의 연속 속에서도 제가 놓치지 않으려 했던 중심은 언제나 '사람'이었습니다. 함께 성장하지 않으면, 그 어떤 시스템도 오래갈 수 없고, 진짜 우리의 존재 가치 또한 만들어질 수 없다고 믿었기 때문입니다.

미용실 경영은 절대 단순하지 않습니다.
정해진 정답도 없습니다. 하지만 분명한 건,
누군가는 이 길을 묵묵히, 치열하게,
그리고 아름답게 걸어가고 있다는 사실입니다.

이 책은 거대한 성공의 비밀을 말하려는 것이 아닙니다.

오늘도 고객 앞에서 진심을 다하는

헤어 디자이너가 더 빛날 수 있기를 바라는 마음으로 기록했습니다.

하이퍼포머란,

특별한 재능이 아니라, 특별한 태도를 가진 사람이라 믿습니다.

이 책이 당신의 걸음에 따뜻한 위로가 되고,

멈춰 선 발걸음을 다시 움직이게 할 단단한 용기가 되기를 바랍니다.

"하이퍼포머라 불리는 헤어 디자이너들은

수많은 부딪힘과 반복 끝에

'움직인다'라는 동사를 거쳐

비로소 '하이퍼포머'라는 명사로 불리게 되었다.

그들의 명사가 부럽다면,

하이퍼포머 헤어 디자이너로 살아남는 법

그들이 지불한 노력과 대가 또한 함께 감당해야 한다.
결국, '실행'이 곧 '매출'이다."

바쁜 일상에서도 원고를 미리 읽어주시고, 소중한 조언과 격려를 나누어주신 분들께 진심으로 감사드립니다. 여러분의 응원 덕분에 이 책이 더욱 단단하고 따뜻한 메시지를 담을 수 있었습니다.

2025년 10월 28일.
장형안

하이퍼포머 헤어 디자이너로 살아남는 법

초판 인쇄	2025년 12월 18일
초판 발행	2025년 12월 31일
지은이	장형안
발행인	조현수
펴낸곳	도서출판 더로드
기획	조영재
마케팅	최문섭
편집	문영윤
본사	경기도 파주시 광인사길 68, 201-4호(문발동)
물류센터	경기도 파주시 산남동 693-1
전화	031-942-5366
팩스	031-942-5368
이메일	provence70@naver.com
등록번호	제2015-000135호
등록	2015년 6월 18일

정가 25,000원
ISBN 979-11-6338-500-4 (13320)

파본은 구입처나 본사에서 교환해드립니다.